本は読んだら すぐ アウトプットする！

齋藤孝　Saito Takashi

興陽館

まず、
質問します。

あなたがよく読む本は？
「ビジネス書」?
それとも「小説」や「漫画」？
どちらかと言うとどっちですか？

A　　　ビジネス書

B　　　小説・漫画

Aを選んだあなたは、「書く力をつけたい」「話す力をつけたい」「伝える力をつけたい」「数字を読む力をつけたい」といった自分の能力を伸ばして仕事に役立てようと、本を読むタイプかと思います。

　意識が高く向上心のある**あなたはきっと有能な人なのでしょう。ではインプットした本の情報をどのようにアウトプットしてスキルに変えるのか。**本書の「アウトプット読書の技法」を使えば、さらに効率よく「仕事に実践・応用できる本の読み方」が身につきます。

B を選んだあなたは、「刺激的な時間を過ごしたい」「豊かな教養を身につけたい」「趣味を愉しみたい」といった欲求から本を読むタイプでしょうか。

　読書の愉しみを知っている**あなたは、知的で教養があり心の豊かな人なのでしょう。ただそのときおもしろいと思ってもせっかく読んだ本の内容を忘れてしまうことはありませんか。**

　本は読んだそばからすぐアウトプットしていくと記憶に定着していきます。

　さらに読書体験をアウトプットしていくことで得た知識や疑似体験が、人生をより深みのある充実したものにしてくれます。

はじめに

アウトプットすれば読んだ本がいっきに役立つ!

読んだ本の内容は忘れてしまう。
「本離れ」が叫ばれて久しい昨今ですが、おそらく多くの人が本を読まなくなった理由の一つは「読んだそばから忘れるから、何のために読んでいるかわからない」ことにあるでしょう。

本書で紹介する「アウトプット読書」は、そのむなしさを払拭するものであり、「話す」「伝える」「書く」力など、**仕事に必要なあらゆる能力を一気に上達させる読書法**です。

読んだ本を自分のスキルに変えていくためには、**本は読んだらすぐアウトプットしていく**ことです。

読書というのはこのアウトプットがあってこそ意味のあるものになります。

なぜなら読みっぱなしだと、どうしても内容を忘れてしまうからです。仕事にも人生にも何も生かされないまま、記憶のもくずと消えてしまうわけです。

その点、読んだ本を何らかの形でアウトプットすると、記憶に

定着しやすくなります。何かのときに「そう言えば、あの本に……」と思い出す機会も増えるでしょう。読書体験がどんどん実生活に生きてきます。

　本を読むことそのもので養われる力もあります。
　たとえば**「思考力」**。本に書かれた文字を追い、それを頭のなかで咀嚼して意味を理解する。その繰り返しが、思考力を鍛えるトレーニングになります。同時に**「集中力」**や**「忍耐力」、「文脈を理解する能力」「要点をつかむ能力」「語彙力」「文章力」**など、仕事に必要な基本的な能力が養われます。
　どんなジャンルの本でも読めば、その本がテーマとする情報や知識が得られます。
　それによって仕事の幅が広がることはもちろん、発言や文章に教養がポロリとこぼれる知性を光らせたり、本を砥石に人格が磨かれたり、たくましい精神力・豊かな想像力・創造力が身についたり。そのメリットは計り知れないのです。

　本書では、「どんな本を、どう読めば、どんなスキルが身につくか」を、おすすめ図書の紹介や、能力アップのトレーニ

ング方法（いますぐやってみよう！）などをまじえて解説しています。

　インプットした本の内容をアウトプットする方法について説明します。

　例えば、**本の内容や、それを自分の仕事・人生にひきつけての感想・意見などをSNS発信する。**
　本の印象的な言葉や文章を引用して、メールや文書を書く。
　本で学んだ知識やスキルを仕事の場で実践する。
　本で得た偉人の教えや言葉を生活のなかで実践する。
　本で得た知識や教養を会話に生かす。
　そういったさまざまな形で、本で学んだこと・身につけたことをアウトプットしていくのです。

　本書はどのページから開いて実践してみてもかまいません。
　気にいったページの「アウトプット読書の技法」をやってみてください。ひとつひとつはちょっとした簡単なことばかりです。
　実行していくと、読書がもっと楽しくなり、飛躍的に仕事の

力がついていきます。

　私は物心ついたころから、大量の本を読んできました。10代のころは「本は自分の世界を豊かにするもの」と思い、一人で本を読むのが好きでした。「本で読んだことはいつか役立つだろう、でも役立たなくたっていい」と考え、本を人生の伴走者のように感じてもいました。

　けれども社会人になって、ちょっと考えが変わりました。「自分がこんなにたくさんの本を読むのは、アウトプットと連動させているからではないか」と気づいたのです。

　実際、読んだ本のことを人に伝えたり、文章を引用して論文を書いたりしていると、読んだ甲斐があると感じるものです。その気持ちがまた、次の本に向わせるところがあります。ですからいままであまり本を読まなかった人も、読書をアウトプットとセットにするとよいでしょう。いやでも読書欲が高まります。

　とにかく読書はいいことづくめ。どうかあなたもじゃんじゃん本を読んで、ぜひいい「読書のアウトプット循環」をつくってください。本書がそのお役に立てれば幸いです。

齋藤孝

はじめに

アウトプットすれば
読んだ本がいっきに役立つ！　　　6

PART I 読んだ本は忘れてしまうまえにアウトプットすればいい！

本の読み方

本で手にした知識・情報を
仕事や人生に出力する！　　　20

- 01 / 本は読んだら人に伝える ……… 22
- 02 / "2割読み"飛ばし読みする ……… 24
- 03 / 順番通りに読まない ……… 26
- 04 / 1テーマで5冊読む ……… 28
- 05 / 線を引きながら読む ……… 30

アウトプットの方法

「アウトプット循環」をつくれば読書が深まる!

32

06	ライブ配信する	34
07	「読書メモ」をつくる	38
08	友だちと話す	42
09	声に出して読む	44
10	本で手にした知識を実行する	46

読んだ本から「伝える」「話す」「書く」力を引き出す!

伝える力

自分の言いたいことを短く、正確に「伝える力」をつける!

52

| 11 | 本屋さんをたのしむ | 54 |

12	本を買ったらカフェで読む	56
13	20分で読む	60
14	数分で人に話す	62

引用力

本の言葉を「会話や文書に引用する！」
64

15	上手に引用する	66
16	自分の言葉に説得力をつける	74
17	会話に"共通の言葉"を入れる	78
18	本の情報をSNSに書く	82
19	引用で文書を作成する	86

雑談力

文脈理解力をつけて「上手に雑談する！」
88

20	文脈理解力を鍛える	90
21	コミュニケーションを深める	92
22	相手の話に沿って話す	94

23 / 人の気持ちを想像する ……… 96

文章力

見出しと語彙で「文章力をつける!」

104

24 / 本のタイトルに見出しを学ぶ ……… 106
25 / コピーライターの文章を読む ……… 112
26 / 語彙力をつける ……… 114
27 / いい文章を書き写す ……… 116

本は読めば読むほど あらゆる「スキル」がつく

スキルアップ

「ビジネス書」で「仕事のスキル」をつける　124

- 28 / 本の内容を実践する …… 126
- 29 / "ハウツー読み"をする …… 130
- 30 / 教養本を読む …… 136
- 31 / 漫画や小説を仕事に役立てる …… 140

リーダーシップ

「人物伝」で「リーダーの資質」をつける　142

- 32 / 「寛容」を身につける …… 144
- 33 / 覚悟をつくる …… 146

34 / 成功者の頭の中身を知る ……………… 150

揺るぎない精神

「古典」を読んで
「本質」を見極める   154

35 / 「不変の真理」に触れる ……………… 156
36 / あらゆる悩みを解決する ……………… 162
37 / 言葉を「心の杖」にする ……………… 166

想像力 & 創造力

「小説」を読んで、
「イマジネーション」を鍛える   170

38 / 場面を想像しながら読む ……………… 172
39 / 一人の作家の作品をまとめて読む … 174

プレゼン・スキル

「図解本」「数学本」で プレゼン・スキルをつける 176

40 / 図解本を読む ……… 178
41 / 数学的思考をつける ……… 180

PART IV 本を読んで心を強くしなやかに整える

モチベーション・アップ

「英雄伝」を読んで "自分のやる気"に火をつける 184

42 / 幕末・維新の英雄伝を読む ……… 186
43 / 本棚に英傑たちの私設応援団を ……… 190
44 / 「武士の精神」を受け止める ……… 192
45 / 声を出して気持ちを上げる ……… 194

心を整える

「本」で"心の温泉"をつくる　196

- 46 / 時代小説を読む　198
- 47 / 心の不安を解消する　202
- 48 / お経を読む・写す　204
- 49 / 姿勢から心を整える　208
- 50 / 詩・俳句・短歌の世界に浸る　210
- 51 / 漫画でリフレッシュする　216

打たれ強くなる

「ノンフィクション」で"心を強く"する　218

- 52 / 人間の極限状態を知る　220
- 53 / スポーツ選手の人生を読む　224
- 54 / コンプレックスを受け入れる　228
- 55 / 孤独に強くなる　230

PART **I**

読んだ本は
忘れてしまう
アウトプット

まえに
すればいい！

本の読み方

本で手にした知識・情報を仕事や人生に出力する!

あなたは本を読みっぱなしにしていませんか。
本を読んで「あー、おもしろかった」「ためになった」と思う。
それも大切な読書のたのしみです。
しかし、それだけで終わったのではもったいない。
読書で得た知識・情報が記憶され、
あなたの仕事や人生に応用・実践されて初めて、
読書が「身になる」のです。
ここでは「仕事」「生き方」にすぐ役立てる
本の読み方とは……?
について語っていきます。
ポイントは、次の5つです。

① 本は読んだら人に伝える
② "2割読み"飛ばし読みする
③ 順番通りに読まない
④ 1テーマで5冊読む
⑤ 線を引きながら読む

01

本の読み方

本は読んだら
人に伝える

「せっかく本を読んでも、読んでいるそばから内容を忘れてしまう。覚えているのは、おもしろかったか、つまらなかったか、だけ。ときどき、自分は何のために本を読んでいるのか、わからなくなることがある。記憶力が悪すぎるのかなぁ」

ふと、あなたは本を読んでいてそんなふうに感じることがないでしょうか。

それでも読書好きの人は、「本を読んで得た知識や情報は記憶として、無意識のうちに脳に蓄積されていて、いつか、どこかで役立つに違いない」と思いたいかもしれません。でないと読書という行為自体にむなしさを覚えることになりますから。

冷たいようですが、それはあやしい。たしかに本で読んだことがひょんな場面で有形無形に生きることがないわけではありません。ただ基本的に、「忘れちゃったものは、やはり記憶から消えてしまう運命にある」と、私は思うのです。

とはいえ、あなたは「自分の記憶力が悪いんだ」などと、落ち込むことはありません。「一度学んだことを簡単に忘れる」のは、人間の得意ワザと言ってもいいほどです。

あなたはドイツの心理学者ヘルマン・エビングハウスが発表した「エビングハウスの忘却曲線」というものを知っています

か？　これは人が何かを学んだとき、時間が経つにつれてどのくらい忘れるかを数値化したもの。下の図を見るとわかるように、20分後に42％、1時間後に56％、9時間後に65％、1日後に66％、2日後に73％、6日後に75％、31日後に79％忘れることが示されています。

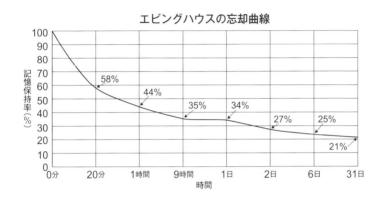

ただし、この実験は「子音・母音・子音」から成る無意味な音節を覚えたときの記憶のデータ。意味のある音節なら、もう少し長く覚えていられそうですが、どのみち「忘れる」という意味では大差ないでしょう。

　大事なのは、本を読んで何かを学んだら、「へぇ」で終わらせないよう心がけること。たとえば内容を誰かに伝えるという形でアウトプットし、復習効果により記憶に定着させる。どういう形にせよ、アウトプットを意識して本を読むことがポイントです。

本の読み方

"2割読み"
飛ばし読みする

「おもしろそうだな」と思って買った本なのに、読んだのは数ページだけ。途中で放り投げてしまった経験はあなたにもあるでしょう。

難しくて読み続けるのが苦痛になったか、

期待したほどおもしろくなくて退屈し、読む気がなくなったか、

忙しさにかまけて、本を遠ざけていたか……。

いずれにせよ、一冊読破できないと、ちょっとした挫折感を味わうことになります。それが読書に対する苦手意識につながらないとも限りません。

そんなことで本を読む意欲を減退させるのはもったいないので、この際、一つの思い込みを捨ててしまいましょう。それは、

「最初から最後まで、極力、一言一句の"読み漏らし"なく読み切らなければ、その本を読破したとは言えない」

という思い込み。そうではなくて、こう考えてください。

「2割読んで、その本全体で言いたいことの半分以上をつかめたらOK。読破したこととし、つかんだ内容をしっかり記憶に留めよう」

こんなふうに言うと、「えっ、たったの2割？　残りの8割にすごく大切なことが書かれているかもしれないじゃない。そもそもそんな読み方は、読書の邪道だよ」とあなたは反発するかもしれません。
　けれども、せっかく買った本をろくすっぽ読まず、あるいは本の内容を何一つつかめず、ほぼまっさらな状態で放置するよりも、2割でも読んだほうがずっとマシだと思いませんか？

「2割」と言っても、最初の5分の1を読めばいい、ということではありません。大事だと思われるところを2、3ページずつピックアップしながら、飛ばし、飛ばし読んでいくのです。
　いわゆる「飛ばし読み」。「難しいな」「ワケわかんないな」「退屈だな」などと感じたら、ブロックごとすっと飛ばす。そうして、わかりそうなところ、おもしろそうなところに移動して、そのブロックを読む。そんな感じです。

　ただし、この読み方は文学作品には馴染みません。おもに仕事で必要な情報や知識、教養を得るための読書で使えます。

いますぐやってみよう！

　あなたの本棚には、読みたかったのに読めなかった本、途中で読むのをやめてしまった本の1冊や2冊はありますよね。その本を使って、"2割読み"にトライしてみましょう。
　意外とラクに読めて、だいたいの内容がつかめることを実感できると思います。

03 本の読み方

順番通りに読まない

　1冊を読破することを阻む思い込みがもう一つあります。それは、「本は最初から順番に読んでいくものだ」という思い込みです。

　もちろん、推理小説をはじめとする小説の類いは、物語の展開を楽しむものなので、最初から読んでいくのが王道です。でも新書などの論説文やビジネス書、いわゆるハウツー本などは、順番を変えて読むのも一つの方法です。

　この読み方のポイントは、まず目次をざっと見ること。あなたはたぶん「まえがき」を読んだら、目次を飛ばして本編に入ると思いますが、実は目次こそ「じっくり見る」ことが大切です。

　なぜなら、目次の章タイトルを見ただけで本の概要がわかるし、項目の見出し・小見出しを追っていくと、その本の言いたいことがキーワード化されているからです。

　つまり目次を読めば、自分が必要としている知識・情報を得るには、どこをしっかり読めばいいかがよくわかるのです。

　そこが把握できれば、あとはあなたにとって大事だと思う項目だけを読んでいけばOKです。目次を見ながら、読むべき項目のページに付箋をつけて、そこを順番に読んでいくもよし。その

付箋にさらに優先順位をつけて、その順番に読んでいくもよし。退屈を感じる暇なく、効率的に本を読むことができると思います。

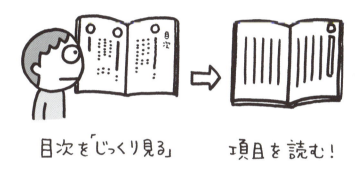

いますぐやってみよう！

　過去に最後まで読めなかった本を使って目次をみながら読む順番を決める練習をしましょう。

04

本 の 読 み 方

1テーマで
5冊読む

　仕事をするなかで、まったく知らない分野の知識を要求されることは、よくあります。「専門知識さえあれば大丈夫」というほど、仕事は甘くないのです。

　たとえばあなたが「未開拓の海外市場に販路を開けと命じられた」場合、そこがどんな歴史・慣習のある国なのかをある程度勉強しなければなりません。

　また近ごろは、セクハラ・パワハラ・精神障害などの知識がなければ、あなたは上司失格とされないとも限りません。

　どんなテーマにせよ、それが仕事に必要なもの、あるいは自分の知的好奇心から知りたいものであるなら、本を読んで勉強するのが一番です。

　その場合の理想的な読み方は、1テーマ5冊、少なくとも3冊、続けて読むことです。

　それも「8割方忘れたってかまわない」くらいの軽い気持ちで、ときには"飛ばし読み"もしながら、通しで読むのがいいでしょう。3冊なら「ちょっと詳しい」、5冊なら「けっこう詳しい」レベルに達します。

　とりわけおすすめは、知識がコンパクトにまとまっている新書。

あらゆる分野の本が揃っているので、いい本が必ず見つかります。

　なかには「わからないことがあったら、ネットでちゃちゃっと調べればいいじゃん」と思う人がいるかもしれません。でもネットだと、一つのコンテンツに向き合う時間が短く、知識が身につきにくいのです。「簡単に得た知識・情報は簡単に忘れる」と言ってもいいでしょう。

本の読み方

線を引きながら読む

　私は本を読書ノート化しています。 読みながら「ここは大事だ」と思ったところに線を引いたり、キーワードを丸く囲んだりしているのです。そうすると、読んでいる最中にその知識・情報を使って何かできないかという方向に思考が向かいやすい。また後で必要があって読み返したときにも、その本を読んだときの感情とともに、有益な知識・情報の記憶がよみがえります。
「そうそう、ここが大事。今回の仕事に使えるな」とか、
「これ、おもしろい話なんだよ。朝礼で話すときの小ネタにしよう」
「このキーワードはもっと深めたいな」
　といった具合に。

　参考までに、私がおすすめする**「3色ボールペンの使い方」**を紹介しておきましょう。
- **赤**──客観的に見て「非常に大事」と思われるところ。その部分だけで文章の主旨が伝わる箇所に絞り込む。キーワードを含む部分は丸で囲む。
- **青**──客観的に見て「まぁ大事」と思われるところ。キーワードを含む部分は丸で囲む。多めでいいので気楽に引いておくと、後で要約するときに役立つ。

- **緑**──自分が主観的におもしろいと感じたところに、緑線を引いたり、数行分を囲んだりする。

あなたも自分が使いやすいように工夫して、本を読書ノート化してみてはいかがでしょうか。

なかには本を書き込みで汚すことに抵抗感を覚える人もいるでしょう。しかし、本というのはきれいに保存することより、読み込むことに意味がある。「古本屋に売れなくなる」なんてケチな考えは捨ててください。買った本は捨てずに、生涯の友として身近にいて欲しいではありませんか。

本にボールペンでチェックを入れる。これは、はじめは勇気のいる行為です。

この「勇気」こそが、本を自分のものにするポイントです。「ここだ!」と勇気を持って線を引くことで、記憶に残ります。

いますぐやってみよう!

3色ボールペンで線を引きながら、新書を読んでみましょう。3冊ほどやれば、自分オリジナルの方法が見つかるはずです。

アウトプットの方法

「アウトプット循環」をつくれば読書が深まる!

自分の読書体験をアウトプットするのは楽しいものです。
「読んだ本を紹介したら、たくさん反応があった」とか、
「本にある通りやってみたら、仕事がうまくいった」
「本を読んで気持ちが晴れた」
といった喜びが得られるので、「もっと本を読もう」と、
読書欲に火がつき、いい「アウトプット循環」が出来ます。
アプトプットの方法を5つ、紹介しましょう。

① ライブ配信する
②「読書メモ」をつくる
③ 友だちと話す
④ 声に出して読む
⑤ 本で手にした知識を実行する

06

アウトプットの方法

ライブ配信する

　ツイッター、ライン、インスタグラム、フェイスブック……
　いまや、SNSが、人と人とをつなぐメインのコミュニケーションツールになってきました。
　みなさんのなかには「起きている間は四六時中、友人たちと、あるいは不特定多数の誰かとメールをしている」人も多いでしょう。自分の行動や考えを短いコメントにして、頻繁にやり取りしている人が大半だと思います。
　ブログやインスタグラムやツイッターなど、いまは「自分のコメントを発信する場が実に多様に用意されている時代」です。
　SNSで読んだ本をアウトプットしてみませんか。読んだ本のコメントを気軽にどんどん、アップしていきましょう。

　もっともシンプルなSNS活用法は、読んだ本に関する話題を発信することです。
　前に述べたように、読書においては「読んでいるそばから忘れる」ことが起こりがち。その逆をいき、「読んでいるそばからコメントをアップする」のです。たとえば、

「いま、本屋さんでこんな本を買ったよ」（本の表紙の写真付き）
「さっそく読み始めたら、いきなりいい言葉に行き当たったよ」

（いい言葉の引用付き）
「1章分読んだよ。こんな内容だった！」（簡単な要約付き）

　といった具合に、あなたの読書体験を"ライブ配信"するのです。
　SNSでは「コメントをもらったら、レスをする」のがある種のマナーですから、発信した相手から何らかの反応を得ることができるはずです。

「表紙のデザイン、いいね」
「へぇ、おもしろそうな本だね」
「僕も読んだけど、そんな言葉あったっけ？」
「たしかにいい言葉だね。リツイートしておくよ」
「僕はちょっと違う感想をもったんだよね」

　などなど、話が盛り上がるでしょう。
　もちろん、なかには「それが何か？」的な反応もあるでしょうけど、そんな豊かな教養を持つことに無関心な人のコメントなど、流せばいいのです。

　本に関するコメント発信をする一番の目的は、本の内容を誰かに伝えることで、「復習効果によって記憶への定着を図る」こと。交信相手から少しでも反応が得られれば、なおさら記憶への定着度は高まるでしょう。
　と同時に、本を読めば読むほど、"記憶の引き出し"が充実

ます。その分だけ、仕事や日常のさまざまな場面に応じて、使える情報・知識が増えるのです。
　この手のコメント発信には、ラインやツイッターなどがフィットするのではないでしょうか。

　フェイスブックなら、本をある程度読み進めてから、あるいは読み終わってから、コメント発信するといいでしょう。
「こないだ買った本、おもしろいですよ。こんなことが書いてあって（3〜5行くらいにまとめる）、おすすめです」
　みたいな感じで発信すると、たちまちたくさんの「いいね！」が返ってくるはず。それが快感になって、読書欲がいっそう高まると思います。

　ブログなら、ちょっと長めの感想文的な文章を掲載するのがいいですね。多少長くても、そのブログが好きでアクセスしてくれる閲覧者は、ちゃんと読んでくれるでしょう。
　そこから本のテーマに関する意見交換や、互いのおすすめ本を紹介する情報交換などが展開する可能性もあります。

　このように、SNSは読書のアウトプット・ツールとしてさまざまな可能性を秘めています。使わない手はないでしょう。

いますぐやってみよう！

　本を買って、読み始めてから読了するまで、一連の読書行動をSNSで"ライブ配信"してみましょう。

　小さなことでも、何か気づきや感動など、心の動くことがあれば、その都度コメントを発信するのがコツ。配信が間遠になると間抜けなので、「コメントを頻繁にアップする」ようになることで、読書スピードも上がるでしょう。

07

アウトプットの方法

「読書メモ」をつくる

　どんな本を読んだかをメモして、簡単なコメントとともにリスト化しておくことをおすすめします。

　PCでそれを記録しておくためのファイルを作成するか、スマホの「メモ」機能を活用するか、あるいは手帳やノートに手書きでメモする"アナログ方式"か。あなたに合ったスタイルでOKです。

　そういうリストを作成しておくと、自分の読書記録になることはもちろん、SNSやブログなどを介して発信するコメントを書くときに読書ネタとして活用できます。またリストが充実すればするほど、「もっといろんな本を読もう」という気持ちがかき立てられます。

　私も10年ほど前まで、ホームページ上にブックリストを作成・公開していました。これは、「感動もの」「社会史」「身体論関係」「人間学」「小説」など、十数個のジャンル別におすすめ本をリストアップしたもの。書名、著者名、出版社名（または「〇〇文庫」などのレーベル名）＋コメントが記載されています。

　そのホームページ自体はお休みしていますが、「おすすめブックリスト」はいまも閲覧できます。参考までに、そのごくごく一部を紹介しておきましょう。

【人間学】

・**『この人を見よ』** ニーチェ、講談社文庫

目次だけでぶっとぶ。なぜ私は賢いのか。

・**『ホモ・ルーデンス』** ホイジンガ、中公文庫

余暇は無為ではなく、祭りである。

・**『私の人生観』** 小林秀雄、角川文庫

人生観を語って深い。亀井のあとがきもいい。

・**『「いき」の構造』** 九鬼周造、岩波文庫

美しすぎる哲学。古典。永井荷風、幸田露伴らの作品と一緒に読むのも味わい深い。

【身体論関係】

・**『整体法の基礎』** 野口晴哉、全生社

この人は気の天才・巨人ですね。

・**『弓と禅』** ヘリゲル、福村出版

ドイツ人哲学者による古典。深い境地に至るプロセス。

・**『身体と感情の現象学』** シュミッツ、産業図書

メルロー＝ポンティ以後の現象学的身体論の最高峰の人。生身の人間を捉えている哲学。若干難解だがレベルは異常に高い。

【感動もの】

・**『生きることの意味』** 高史明、ちくま文庫

30過ぎて読んで、感動して泣けました。

・**『苦海浄土』** 石牟礼道子、講談社文庫

胸をゆさぶる文章の力。水俣病の記録にとどまらず、生身の人間を描いて強烈な印象を残す。これを読まねば。

・『**夜と霧**』フランクル、みすず書房

心理学者のユダヤ強制収容所の感動的体験記録。事実の重みに言葉を失い、人間の生きる力に果たす希望の重要さに目を開かれる。

・『**ある明治人の記録　会津人柴五郎の遺言**』石光真人編著、中公新書

この本の事実のすごさには、驚いて言葉もなく、音読して涙が流れた。漢文調。武士の気概が伝わる。

・『**わがいのち月明に燃ゆ**』林尹夫、ちくま文庫

学徒出陣の一学生の学ぶことへのすさまじい情熱とレベルの高さに圧倒され、感動した。学生なら一度は圧倒されるべき。

【小説】

・『**ドン・キホーテ**』セルバンテス、岩波文庫

小説の祖にして小説の諸可能性を完備。

・『**山の音**』『**千羽鶴**』『**掌の小説**』のなかの『**火に行く彼女**』

川端康成、新潮文庫他

日本語の美しさの極。私は『山の音』に登場する菊子にはまりました。気品ある官能。

・『**百年の孤独**』『**族長の秋**』マルケス、集英社他

すごいね、これは。

・『**フラニーとゾーイー**』サリンジャー、新潮文庫

『ライ麦畑……』はもちろんいいが、このなかのフラニーのスノッブなものへの繊細過ぎる感性が切なく胸に残る。

・**『江戸川乱歩集』** 江戸川乱歩、創元推理文庫

闇がいい。妙にほっとする。ポー、中井英夫も。

【随筆他】

・**『百鬼園随筆』** 内田百閒、福武文庫

絶版になった旺文社文庫の旧仮名が味わい深い。百閒先生自身のふんわかしたキャラクターがいい。

・**『セザンヌ』** ペリュショ、みすず書房

印象派のスタイル間コミュニケーション。

・**『堕落論』** 坂口安吾、角川文庫

10代に読んだ本のなかでも最も意気投合した本の一つ。とにかく安吾はエネルギッシュで歯切れがいい。欺瞞を暴く文体は最高。元気が出るぜ。

ざっと、こんな感じ。この程度のメモなら、そんなに負担にはなりませんよね？

本当に短いコメントですが、このリストがフックになって、本の内容を記憶から呼び起こすことも可能です。

いますぐやってみよう！

あなたにフィットするスタイルで、「読書メモ」をつくってみてください。PCでもスマホでもアナログでもOK。また私のように、ジャンル別にリストにしてもいいし、たとえば「今年読んだ本」というふうに年度別にリストにしてもかまいません。

08 アウトプットの方法

友だちと話す

　友人とのコミュニケーションは、いまや「文字」がメインになっている感があります。でも顔を突き合わせて、「話し言葉」のキャッチボールをすることも大切です。

　相手の発言を受けて瞬時に当意即妙の受け答えをしたり、相手の表情から気持ちを読み取ったりする能力が磨かれますからね。

　文字によるコミュニケーションが全盛の現代だからこそ、肉声で会話をする機会を積極的に求めていく必要があるでしょう。

　読書のアウトプットも同じ。SNSだけではなく、生身の友だちと会って語り合う時間をもったほうがいい。会話がスピーディに進むし、互いの感情が伝わり合って、話がより盛り上がります。思わぬ展開になって、新しい気づきや刺激が得られることもあるでしょう。

　私自身、学生時代はいわゆる「読書友だち」がいました。3人くらいで同じ本を読み、集まっては酒を飲みながら、一晩中語り合うこともしばしば。話題はその本から、それぞれの読書体験にも飛び、大変楽しいひとときだったことを覚えています。

　このように「読書友だち」を持つことには、メリットがおもに3

つあります。

　一つは、人に話すことによって、本の内容が記憶に定着すること。話すというアウトプットが"読書の復習"になるわけです。

　二つ目は、同じ本を読んでも、人によって受け止め方や理解がまったく違うと気づけること。"読書談義"をするなかで、
「へぇ、そんな視点もあったんだ」
「その解釈は新鮮だな」
「自分はちょっと読みが浅かったかな」
　など、十人十色の考え方・価値観に触れることができるのです。それが自身の視野を広げることにつながります。

　三つ目は、読みたい本が増えていくこと。友だちが読んだ本の話を聞くと、自分も読みたくなってくるものなのです。

　あなたもネットで、読んだ人のレビューを見て、「おもしろそうだな。読んでみよう」とカートに入れることがありますよね？ ネットでもリアルでも、ちゃんと本を読んでいる人のレビューを手がかりに、読書の範囲を広げていくことが可能なのです。

　私は大学の授業で、大学生同士がグループになって読んだ本について話をする場を設けています。「話を聞いて、その本を読みたくなった」という感想が必ず聞かれます。

　あなたもぜひ、一人でもいいから、本について語り合える「読書友だち」を持ってください。「本のある暮らし」を続けていくためにも、それはとても大切なことです。

アウトプットの方法

声に出して読む

「本にある言葉が自分の体から出ていく」という意味では、音読もアウトプットの一つです。

私は『声に出して読みたい日本語』という本を出したくらいですから、音読を非常に大事だと思っています。というのも音読することによって、著者の書いた言葉が自分のなかから出ていく感じが得られるからです。しかも音読するうちに、本にある言葉がしだいに自分の言葉のような気持ちになってきます。

つまり、本の内容があなた自身と一体化して、あなたの体のなかから言葉が湧き上がってくるような感覚になれるのです。「繰り返し音読し、暗誦できるまでになった本の内容は、そう簡単に忘れない」のは、その一体感のなせるワザでしょう。

平安時代末期から江戸時代にかけて、日本の教育は「音読」を基本的な学習方法としていました。寺子屋で使われていた『実語教』や『童子教』などの教材はすべて、先生がまず音読をし、それを子どもたちが声に出して復唱していく、という方法で教えられていたのです。

なぜでしょう？ 理由は3つほどあります。

第一に、漢字の正しい読みを覚えることができます。当時のテキストは漢文ですから、先生が音読することで、子どもたちは

「ああ、この漢字はこう読むのか」とわかるわけです。

第二に、正しい解釈のための読み方を学べることです。先生の音読から「文章をどこで切るか」「イントネーションをどうしているか」を聞き、「ああ、こういう意味の文章だな」とわかります。

第三に、言葉の意味をいちいち教えてもらわなくても、文章の主旨がだいたいわかるようになることです。かつて寺子屋の子どもたちは、難しい漢文を素読していましたが、たくさんの文章を何度も読むうちに「体で理解する」ことができるようになったのだと思います。もちろん先生は解説もしましたが。

あなたも読書に、たとえば「大事な部分だけセレクトして音読してみる」など、「音読」を取り入れるといいでしょう。内容をより強く記憶することが可能になります。

いますぐやってみよう！

たとえば芥川龍之介の『蜘蛛の糸』や『杜子春』、太宰治の『走れメロス』『駈込み訴え』、谷崎潤一郎の『春琴抄』、川端康成の『掌の小説』収録作品など、美しい日本語で書かれた短編小説を音読してみましょう。

黙読するよりも、内容が意外としっかり入ってくることを実感してください。

10 アウトプットの方法
本で手にした知識を実行する

「読書が趣味です」と言う人の多くは、自分の好きなジャンルや作家の本をたくさん読むことを一番の楽しみとしているでしょう。

「本を読んでいる時間そのものが楽しい」
「好きなジャンルの知識をたくさん得られることが楽しい」
「自分の知らない世界で遊べるのが楽しい」
というふうに。

それはそれでいいのですが、せっかく手にした知識・情報を「趣味的な楽しみ」だけで終わらせるのはもったいない。

仕事や生き方、暮らし方など、いろんな場面でアウトプットしていく。そこにもまた読書の醍醐味があるのです。

ポイントは、本から得たものを活用して、考えたり、行動したりしてみることです。

たとえば「食べたことのない食べ物」は、試食をしてみないと、どんな味わいなのかがわかりませんよね。

食材や調理法からだいたいの味を想像することはできても、実際に食べてみたら、まったく違う味わいだった、なんて経験があなたにもあるのでは？

それと同じで、本に詰まっている知識・情報も、行動に取り入

れてみなければ、使えるかどうかはわかりません。

とりあえず取り入れてみて、自分に合うようにアレンジしていく必要もあるでしょう。

行動の結果がどうであれ、どんな知識・情報も試してみる価値はあるはず。本を読んでいて「いいな」と思うものに出くわしたら、「さて、どう活用するか」を考えることを習慣にしましょう。それが「アウトプットを意識して本を読む」ことでもあるのです。

あなたも本を読むときには"アウトプット・アンテナ"をしっかり立ててくださいね。

いますぐやってみよう！

本に書いてあることを日々の行動に生かすとはどういうことか。『フランクリン自伝』の第六章にある「十三徳樹立」をテキストに実践してみましょう。

この本は書名からわかるように、科学者であり出版業者、経済学者、哲学者、政治家でもあり、資本主義を育てた人物としても知られるベンジャミン・フランクリンが人生をふり返った自伝です。第六章には、そのフランクリンが自分に必要な13個の徳を習慣化するために考えた方法が書かれています。

「十三徳」には「節制」「沈黙」「規律」「決断」「節約」「勤勉」「誠実」「正義」「中庸」「清潔」「平静」「純潔」「謙譲」があり、それぞれにたとえば次のような注釈が付されています。

第一　節制──飽くほど食うなかれ。酔うまで飲むなかれ。
第六　勤勉──時間を空費するなかれ。つねに何か益あることに従うべし。無用の行いはすべて断つべし。

第七　誠実――いつわりを用いて人を害するなかれ。心事は無邪気に
　　　　公正に保つべし。口に出すこともまた然るべし。
第十三　謙譲――イエスおよびソクラテスに見習うべし。

これら「十三徳」はどれも、誰もが身につけたいものばかり。ただ、すべてをまんべんなく実行するのは大変です。フランクリンは、横のようなチェック表を作成。週ごとに一つの重点課題を設定して、一つひとつの徳の習慣を強化していく方法をとっています。

たとえば最初の1週間は、「節制」を重点課題としたら、それに反することはしないように注意します。ほかの徳のことは気にしなくてもOKです。そうして一日の終わりに自分の行動をチェックし、実践できなかったところに黒点を記します。

重点課題は1週間、一つも黒点がつかなくなったらクリアとみなし、次の課題に移る。それを繰り返し、習慣を強化するわけです。フランクリンは黒点が減ることを喜びに、心を励ましたそうです。

あなたも手帳に表をつくるなどして、やってみてください。その際、項目の内容や数はあなたに合うように変えてもかまいません。学んだことを実行するとはどういうことかが実感できるし、徳の備わった人間になるためのトレーニングにもなりますよ。

	節制	沈黙	規律	決断	節約	勤勉	誠実	正義	中庸	清潔	平静	純潔	謙譲
日	●												
月		●		●●									
火		●	●	●									
水	●	●	●	●									
木				●	●								
金	●	●		●									
土	●	●											

PART **II**

読んだ本が「伝える」「話す力を引き出

ら
す」「書く」
す!

伝える力

自分の言いたいことを短く、正確に「伝える力」をつける!

仕事では、自分の意思や考えを「伝える」場面があります。
たとえば上司に仕事の進捗状況や日々の業務の報告をする、
部下に仕事の指示やアドバイスをする、
会議で意見を言う、プレゼンをする……。
そんなときにもしあなたが言いたいことを端的に正確に伝えられなくては、「ビジネスパーソン失格」と言わざるをえません。
「伝える力」はビジネスパーソンに必須、基礎中の基礎の能力なのです。
それを身につけるには"アウトプット読書"が最適。
読んだ本の内容を要約して話すor書く練習をすることで、
パワーアップします。ポイントは4つです。

①本屋さんをたのしむ
②本を買ったらカフェで読む
③20分で読む
④数分で人に話す

11

伝える力

本屋さんをたのしむ

　本の内容を「伝える」ためには、まず本を読まないと話が始まりません。ですからファーストステップは「本を買う」、言い換えれば本屋さんに親しむことなのです。
　さて、あなたはよく本屋さんに行きますか?

　最近は本好きな人でも「ネット書店派」が増えているようなので、何となく本屋さんから足が遠のいている人も少なくないでしょう。
　もちろんネット書店が悪いとは言いません。私もけっこう利用しています。
　とくに買う本が決まっているときや、欲しい本をキーワード検索で探したほうがいいとき、外出する暇もないくらい忙しいときなどは非常に便利。短時間で効率的に、欲しい本を手に入れることができます。大いに利用するべきです。

　けれどもそうではなくて、漠然と「おもしろそうな本が読みたい」というような場合は、やはり本屋さんに足を運んだほうがいい。
　店内狭しと林立する棚にびっしり並べられた本と、平台に山と積み上げられた本が束になって、あなたの読書欲を刺激して

くれるからです。

その圧倒的迫力は、やはりリアル書店でないと感じられないものでしょう。

また本屋さんには、「"本の森"を散歩する」ことにも似たたのしみがあります。棚から棚へと歩を進め、本たちの背表紙を眺めているだけで、いろんな出合いがあって、心が沸き立つのです。

たとえば興味のあるジャンルでいい本が見つかったり、ふつうに生活していたら出合わないテーマの本に目が惹きつけられたり、それまで無関心だったジャンルの本になぜか食指が動いたり。書店という空間に身を置くと、あなたの読書欲が思いも寄らない"化学反応"を起こすこともあるかと思います。

本屋さんに行ったら、あなたも興味のおもむくままに、どんどん本を手にとりましょう。そして帯に踊る宣伝文句や、裏表紙にある要約、目次などに目を通し、パラパラとページをめくりましょう。

実際に買う・買わないは別にして、そうやって本屋さんという空間に親しむ時間を持つことが大切なのです。その繰り返しのなかで、「読みたい本」が増え、「買う本」が増え、読書量が増えていくと、結果、豊富な知識・情報が身につく、と私は思います。

いますぐやってみよう！

書店を友だちとの待ち合わせの場にしましょう。

12

伝える力

本を買ったら
カフェで読む

　読書には"読み旬"とも言うべきタイミングがあります。

　これを逃すと、せっかく買った本が読まないまま長く"積ん読"状態になる可能性が大。

　最悪の場合、「読もう、読もう」と思っているうちに、買ったことすら忘れてしまう、なんてこともあります。
「伝える力」を磨く以前の問題として、「本を読む時期を逃さない」こともまた重要なのです。

　一番の"読み旬"は、本を買った直後でしょう。

　なぜなら、その本を「読みたい！」という気持ちが一番強いときだからです。

　実際、「欲しい本が手に入った」その瞬間、あなたも何だか気持ちがワクワクしてきませんか？

　思いの強さには個人差があるでしょうけど、「早く読みたい！」と思わない人はいないはずです。

　だからこそ読書に対して気持ちが盛り上がっているうちに、5分と時間を置かずに、本と向き合うといいのです。

　合い言葉は、「本を買ったら、カフェへ直行！」——。

　本を読みたい気持ちが高まっているということは、裏返せば、読書に対する枯渇感があるということ。その欲望を満たすための

「場」と「時間」が必要なのです。

　しかも本を買った直後にページを開くことは、「ものすごくお腹が減っているときに食べ物にありついた」ようなもの。むさぼるように食らいつく感じで、読書に対して攻めの姿勢が取れる。それもまたカフェに直行するメリットです。

　私の好みは、コーヒー一杯200円くらいのカフェです。これだと気軽に入れます。

　私がカフェを推奨するのは、読書にとても適した空間だからです。

　第一に、時間が限られているのがいい。"ひとりカフェ"だと、粘ってもせいぜい1時間くらいのもの。読書欲とあいまって、本のページをめくるスピードも上がるはずです。

　第二に、"仕事モード"のお客さんが意外と多いところがいい。真剣に打ち合わせをしている人や、PCを持ち込んで仕事をする人、資料を読み込んでいる人などがいて、テンションの高い空間になるので、心地良い緊張感のなかで読書ができます。

　もちろん帰りの電車のなかで読むのもアリ。

　要は、買った本をほぼ手つかずのまま棚にしまわなければいいのです。

　本屋さんで出合い、買った本は、一目惚れした相手のようなもの。何も行動を起こさなければ、一目惚れしたときのテンションはどうしたって日々下がっていきます。

　たとえば数カ月、棚に並べておくと、姿こそ買ったときと同じで

すが、吸引力は失われる一方。

　買った時ほど輝いて見えることはないし、「買ったときのテンションを思いだそう」と思ってもまずムリです。

　とはいえカフェで買った本を精読する必要はありません。「本格的に読むための下準備」をしておけばOKです。

　これを私は「さばく」と表現しています。

　イメージ的には、とれたての新鮮な魚を天日干しにして、おいしい開きにするためにさばくようなものです。そのさばき方は次項にゆずりましょう。

13

伝える力

20分で読む

「本をさばく」とはつまり、大まかな内容を把握することです。所要時間は1冊につき約20分。
「とてもそんなに速くはできない」と思うかもしれませんが、それは杞憂というもの。慣れれば誰でも、20分どころか10分以下でできるようになります。

　読み方としては、前に述べた"2割読み"に近いもの。手順は以下の通りです。

　①目次と「はじめに」に目を通す
　②本の要点だと目星をつけた箇所をざっと読む
　③パラパラとページをめくりながら、とりあえず最後のページまで、"つまみ読み"する

　ようするに、①の作業でその本全体の骨格となる主旨をつかみ、②で最重要ポイント（人に話したい所）をおさえ、③で完走感を出す、ということです。

　1冊さばくのに1時間などはけっしてかけない。20分と限定するのが、ポイントです。

慣れれば、大丈夫。本の要点や、その周辺情報がどこにあるかを見極めるコツのようなものが身につくので、さばくスピードはどんどん速くなります。
「20分経つとくさり始める魚を手早くさばく」と思って、練習するといいでしょう。

　また本屋さんから直行したカフェで1時間過ごすとしたら、1冊読むのに20分かかることから逆算して、一度に買う本は3冊くらいが"適量"かなと思います。
　もっと速く内容把握ができるようになれば、もっとたくさんの本をまとめ買いしてもOK。
　たとえば1冊5分なら、余裕で10冊の本をさばくことができます。私自身は、時折必要があって1時間で10冊「さばき読み」します。

　この"20分さばき読書"ができるようになると、要点をつかむのがうまくなります。
　たとえば膨大な量の資料を素早く読んで、的確に理解するとか、複雑な内容の話をすっきりまとめるといった場面で能力を発揮できるでしょう。

14

伝える力

数分で人に話す

　"20分読書"で本当に内容が把握できるのか、あなたは疑問に思うかもしれません。

　どこまでを把握というのか。要約ができれば、一応把握したと言えます。

　そこで大事になってくるのが、人に「伝える」というアウトプットを前提に、本を要約することです。

　とりあえず、あなたは本の大まかな内容を「数分で話せるか」「300〜400字の文章にまとめられるか」、セルフチェックしてみてください。そのように「話せる」「書ける」レベルになって初めて、「"20分さばき読み"で大まかな内容を把握した」ことになります。

　つまり"20分さばき読み"は実は、前項の3つの手順に加えて、

　④要約して人に伝える

という手順を経なければ、完結とは言えないわけです。

　もっと言えば、本を読んで内容を把握する時点でもう、人に「伝える」ことを念頭に置いておくことが求められます。

　もう一つ大事なのは、読みながら要点をメモしたり、大事な文章に線を引いたり、大事なところに付箋をはったりすることで

す。頭のなかで整理しただけでは"モヤモヤ感"が残るし、忘却の彼方へと消える危険も大ですからね。

　このように、買った本を要約できる所までさばいておくと、後でしっかり読みたい時に本格的な読書にスムーズに入れます。買ってすぐ後の高揚感がよみがえるし、大まかな内容が頭に入っている分、理解も進みやすいのです。
　この"20分さばき読み"のワザは、あなたにもぜひとも身につけていただきたいところ。言いたいことを手短かに「伝える」能力が身につきます。
　と同時に、その内容に関するアンテナが立つので、何気なく新聞・雑誌・テレビ・ネットでニュースを見たり、街を歩いたりしているときに、関連情報が目に飛び込んでくるようになります。結果、知識が幅広く、奥深くなっていくのです。

いますぐやってみよう！

　20分で読んだ本の内容を要約し、友だち相手に1分でプレゼンしてみましょう。
　なぜ「1分」かと言うと、それより長いと、相手が退屈し始めるからです。
　ビジネスにおいては、言いたいことを端的に的確に伝えることが求められます。

引用力

本の言葉を「会話や文書に引用する!」

読書の大きなメリットに「引用力」がつくことがあります。
「引用力」とは、著者が本に著した言葉や文章、事例等を、
自分の説や言動の根拠として活用できる能力を意味します。
そういう引用を会話や文書のなかに適宜盛り込めると、
話すことや書くことをわかりやすく「伝える」ことができます。
また客観性が付与され、発言や考え方の信頼性が増します。
本をたくさん読めば読むほど引用可能なネタが増えるのは自明の理。
では、読書によっていかに「引用力」をワザ化すれば、
仕事力アップにつながるか、5つの観点から考えてみましょう。

① 上手に引用する
② 自分の言葉に説得力をつける
③ 会話に"共通の言葉"を入れる
④ 本の情報をSNSに書く
⑤ 引用で文書を作成する

15

引用力

上手に引用する

　あなたはもしかしたら「引用」という言葉に抵抗感を覚えるかもしれません。

　現代はやたら、個性やオリジナリティを重視する傾向があって、「引用」と聞くとどうしても、「物まね」とか「二番煎じ」といったイメージが先に立ちますからね。

　あなたのオフィスでもよく、

「人と同じことをやってちゃダメなんだ。もっと個性を出してくれ」

「世の中は常に、いままでになかったものを求めているんだ。オリジナリティがなきゃ大ヒットは望めないと心得てくれ」

「そんな手垢のついた言葉や表現じゃダメだ。もっと新鮮な、個性とオリジナリティあふれるものをクリエイトしてくれ」

　というような檄が飛んでいるのでは？

　それは間違いではありません。誰にもない発想で新しいものをクリエイトしていくことは、とても大事です。

　けれどもプラス、昔からある考え方ややり方、アイデアなどに着想を得て、何かを時代にマッチする形に創りだしていくことも同じくらい大切。そこを覚えておいてください。

　それが証拠に、と言いますか、古今東西、長きに渡って偉人と

敬われている人物たちだって、みんな「引用上手」です。

彼らの発言はオリジナリティと個性にあふれているようでいて、実は「自分よりもっと前の時代に生きた偉人が言ったことを引用してきた」場合がほとんどなのです。

大昔から、人類の文明・文化は「引用」に継ぐ「引用」によって編まれてきた、と言っても過言ではありません。
「意外に思うかもしれないけれど、実は引用上手」な偉人たちを何人か、おすすめ図書とともに紹介しておきましょう。

【イエス・キリスト】

イエスと言えば、ユダヤ教を民族的な宗教から解き放って世界宗教にした人物。「信じる者は救われる」と説いた、その教えはもちろんオリジナリティにあふれています。

ただ『**福音書**（新約聖書）』を読むと、イエスが随所でユダヤ教の聖典である『**旧約聖書**』の言葉を引用しているのがわかります。たとえばイエスが悪魔の誘惑を断ち切る場面。「マタイ福音書」では、悪魔から「神の子なら、そこらの石ころに、パンになれと命令したらどうです」と言われ、こう答えています。

「"パンがなくとも人は生きられる。もしなければ、神はそのお口から出る言葉のひとつびとつでパンを造って、人を生かしてくださる" と聖書に書いてある」

また最後、磔にされる場面でイエスは**「わたしの神様、わたしの神様、なぜ、わたしをお見捨てになりましたか！」**と叫んでいます。この言葉だけだと、イエスが神を怨んでいるようにも聞こえますが、この部分は『旧約聖書』の「詩篇」からの引用だと

言われています。この後に続く、神に対する信頼の言葉は、ほとんどの人が知っていたから省略されたようです。

それにしてもイエスは、死の間際に引用句をつぶやいた、そこに注目されたし。

『福音書』にはほかにも、イエスが『旧約聖書』をさまざまに引用しながら話している場面がたくさんあります。イエスほどの、誰よりも個性的な人間が、引用で言葉を紡いでいたことを思うと、現代人がやれオリジナリティだ、個性だと言うのはどうなの？っていう感じがしなくもありません。

ちなみにそのイエスの言葉がまた、西洋の著作・芸術に引用され続けています。

【孔子】

孔子は『論語』で**「述べて作らず、信じて古へを好む。窃かに我を老彭に比う」**（述而第七）と言っています。

「私は、古えの聖人の言ったことを伝えるだけで、自分では創作はしない。聖人を信じ、古典を大切にしているのだ。かつて殷の時代に老彭という人がいて、彼は先人の言ったことを信じて伝えたという。私はひそかにこの老彭に自分をなぞらえている」

という意味です。

また孔子は、『詩経』という中国最古の詩集を学ぶことを重視しています。たとえば弟子の子貢とこんな会話をしています（学而第一）。

「貧しくてもへつらわず、金持ちでもいばらないという生き方は、どうでしょうか？」

「悪くないね。だが、貧しくてもなすべき道を楽しみ、金持ちでも礼儀を好むには及ばない」
「『詩経』に『切するがごとく、磋(さ)するがごとく、琢(たく)つがごとく、磨(ま)するがごとく』とあるのは、そのことを言っているのでしょうね」
「子貢よ、わかっているね。それでこそ君と詩の話ができるね」

　孔子は、子貢が『詩経』の引用をしたことを、こんなにも喜んで褒めています。

　もう一カ所、息子が父の孔子から何を教えられたかを問われて、「とくに何も」としつつ、こう答えています。
「庭に一人立っていた父の傍を通ったとき、『詩経』を学んだか。学ばなければ、まともな発言はできないぞと教えられました」
と（季氏第十六）。この場面もまた、孔子が「引用力」を重視したことの裏返しのように思えます。

　孔子にしてこうなのですから、いま、私たちがクリエイティブを標榜して回るのも、ちょっと恥ずかしいような気持ちになります。

【吉田松陰】

　幕末の志士・吉田松陰は、次世代の若者を育てた教育者であり、常に国と民のことを考えて行動したある種の革命家でもあります。「先鋭」という言葉がピタリ当てはまる人物ですが、その思想は『孟子』をはじめとする中国古典をテキストに発展させたものと言えます。つまり時代の先を切り拓いた松陰もまた、優れた「引用力」の持ち主だったわけです。

　『講孟劄記(こうもうさっき)』という本があります。これは、松陰が野山獄と実家の幽室で"囚われの身"になっていたときに、囚人や門弟たち

に孟子を講義し、意見を戦わせた内容をまとめたもの。学びの場の熱気が伝わってくる良書です。そのなかで松陰は、こんなことを言っています。
「古今東西、偉人とされる人たちは、決して雲の上の人ではない。古典を学ぶときは、彼らを仲間と思いなさい。そう思って読むと、古典はいまに生かせる知恵となり、自分自身もより高みに上れる」
　おそらく松陰は古典を、国の現在・未来を考えるテキストと捉えていたのでしょう。「古典の引用」から日本の将来像を考察した、というふうにも見ることができます。

【シェイクスピア】

　四大悲劇『**ハムレット**』『**オセロ**』『**リア王**』『**マクベス**』をはじめ史劇『**リチャード三世**』『**ヘンリー四世**』、喜劇『**ヴェニスの商人**』『**真夏の夜の夢**』など、シェイクスピアは約40編の戯曲を創作しました。死後およそ400年を経たいまなお、世界中で愛されている天才劇作家です。
　でも作品の多くは、オリジナルではありません。古い説話や歴史の文献に手を加えています。ただアレンジがうま過ぎて、シェイクスピア作品が決定版になっている感じでしょうか。
　もっとも小説や映画、ドラマ、芝居などの世界では、何か原作があって、その翻案として現代の新作をつくることが日常的に行われています。真似だから悪いということはなく、原作をしのぐ魅力を発光させる作品も少なくありません。クリエーターの「引用力」しだいで、創作がよりパワフルになる、ということです。

シェイクスピアの戯曲に使われている台詞は、引用であれ、オリジナルであれ、私たちが引用したくなるもの揃い。"引用の織物"として読み、自分の話や文章のなかに紡ぐとよいかと思います。

たとえば二者択一で迷うときにハムレットの **「生きるか死ぬか、それが問題だ」**、子々孫々にとって負の遺産になるものがあるときにリア王の **「不幸な時代の重荷は我々が負わねばならぬ」**、仕事が途中で打ち切られたときにヘンリー四世の **「芝居はしまいまでやらせてくれ」**……といった具合に、名台詞を引用・アレンジして使えると、知的でしゃれた会話ができるでしょう。

【西郷隆盛】

「せごどん」こと西郷隆盛は、傑物並び立つ幕末維新史のなかでも異彩を放つ大人物です。「江戸城無血開城」や「廃藩置県の断行」などの偉業が、彼の傑物ぶりを示しています。

そんな西郷の背骨を形成したのは、儒学で人間性を培ううえでの3要素ともされる「智仁勇」。『論語』はもとより、江戸時代の儒学者・佐藤一斎の著した **『言志四録』**、さらには **『資治通鑑』『孫子』** まで、大量の本を読んで得た言葉を砥石にして、人格を磨きました。

とくに注目すべきは、一斎の『言志四録』を一心に読み、後年、そこから気に入った言葉を百一選んで **『手抄言志録』** としたことです。

「凡そ事をなすには、すべからく天につかふるの心あるを要すべ

し。人に示すの念あるを要せず」「知らずして知る者は、道心なり。知つて知らざる者は、人心なり」「自ら反みてなおきは、我無きなり。千萬人といえども吾れ往かんは、物無きなり」など、西郷自らが「引用」し編んだこの本を、繰り返し音読したといいます。

　おもしろいのは、西郷の引用した一斎の『言志四録』にもまた、中国古典の「引用」がふんだんに盛り込まれていることです。言い換えれば、２千年も前の古典からの「引用」で組み立てられた一斎の講義が、新しい国づくりに燃える幕末の志士、新政府の高官らを中心とする門弟たちの情熱に火をつけた、ということです。

「引用の力、恐るべし」と思わずにはいられません。

　以上はほんの一例。歴史にその名を誇る偉人たちの創作や言葉のほとんどが、さらに古い時代のものの「引用」で紡がれてきたことを実感していただければと思います。「引用力」の重要性が身にしみるでしょう。

　もうお気づきかと思いますが、太字になっている本は、「引用」できるネタが満載のおすすめ図書です。

　引用こそ読書力です。

いますぐやってみよう!

1冊の本から、好きな文章を3つチョイス。1行でも、2〜3行でもOK。セレクトの仕方にルールはありません。

ただ本を読むとき、「自分が引用したくなる文章を探そう」という意識を働かせてください。

さらに、「おすすめ本カード」のようなものをつくってみましょう。形式は「3つの引用文」+「コメント」。ここまでしておくと、人と話すときやエッセイ、日記などを書くときに引用として活用しやすくなります。

16

引用力

自分の言葉に説得力をつける

「権威づけ」と言いますか、「自分の発言にはきわめて高い信頼性がある」ことをアピールするのに、本からの「引用」はもってこいの小道具になりえます。

たとえば受験生に勉強法をアドバイスするなら、「現役東大生が実践している勉強法」をテーマにした本を引き合いに出すといい。次のような"引用トーク"ができます。
「現役で受かった東大生って、同じ問題集を5回もやるんだって。そのほうがいろんな問題集をあちこちやるより力がつくらしいよ。……って、こないだ読んだ東大生の本に書いてあったよ。」

東大受験は"勉強甲子園"のようなもの。そこを戦い抜いて合格し、さらに本で勉強法を開陳しているのは、プロ野球のドラフトにかかったような人たちですから、いかにも信じるに足るノウハウがありそうです。自分の経験だけをもとにアドバイスをするより数段説得力が増すかと思います。

また、歴史的有名人や「一流」と目される人物の書いた本や発言を引用するのも効果的。自分の発言の正当性や有用性を強力にサポートしてもらえます。

「こんなふうに使えますよ」という例を2つほどあげましょう。

・議論の収集がつかなくなったときにひとこと

　このまま議論を続けても平行線をたどるだけですね。もうおしまいにしましょう。福澤諭吉は『**福翁自伝**』のなかで「書生みたいな議論はしたことがない」と言っています。カーネギーの『**人を動かす**』という本にも「議論をしても意味はない」とありますし、結論が出ない以上、続けても意味はありませんよね。もっと建設的な提案に時間を使いましょう。
「論よりアイディア」です。

・プロジェクトが行き詰まったときにひとこと

　行き詰まったら、すべてをガラガラポンして、ゼロから考え直しましょう。
　「我思う、故に我あり」の言葉で有名なかのデカルトだって、若いうちに熱心に励んだ学問を捨て、「世界というもっと大きな書物を読もう」と冒険に出たんですよね。「書物から学んだことだけが真理とは思えない」と言って。行き詰まったら切り替えるのがデカルト。で、休んだら『**方法序説**』よろしく、これまでの思考すべてを列挙し、全体を見直してみましょう。きっと明るい光が見えてきますよ。

　こういったひとことがあれば、みんな、うなずくのではないでしょうか。「福澤諭吉やカーネギーが議論に意味はないって言うんだったら、そうなのかも」「そうか、デカルト的思考法ね」と

いうふうに。

　一流の人の本や言葉は、ちょっと引用するだけで、そのくらい強い説得力を発揮してくれるもの。あなたも大いに活用してください。

17 引用力

会話に"共通の言葉"を入れる

　商談でも、社内の会議・打ち合わせでも、本からの引用を"共通言語"として活用できると、会話が非常にスムーズに進みます。かつ盛り上がります。

　たとえば何気なく「最近話題のあの本を読んだんですけどね」と言ったときに、相手が「あー、私も読みました。視点がおもしろかったですね」とか「私も読みたいと思っていたんですよ。書評でも評価されていたし、おもしろそうですよね」などと応じると、会話が勢い盛り上がります。

　とくにビジネス書については、長く読み継がれているロングセラーや、話題沸騰のベストセラーを中心に、ある程度は押さえておきたいもの。誰かが本の引用をしたときに、「ああ、あの本ね」と共感できると、互いの距離が縮まります。と同時に、本の内容が"共通言語"として使えるので、すぐに深い話に入れます。

「あ、君も読んだ？　じゃあ、話が早い。あの本に……みたいなことが書かれていたでしょ。あれを今度の仕事に取り入れたいんだよね。どう思う？」

　というふうに、短い時間で密度が濃く、熱い会話を交わせるのです。当然、仕事の質も効率も上がるでしょう。

　また本だけではなく、新聞記事からの引用も"共通言語"にな

りうるものです。

　なかでも日本経済新聞は、ビジネスマンにとって必読と言ってもいい。実際、私はいろんな会社やビジネスマンの集まりで講演をする機会が多いのですが、相当数の方が日経を読んでいることを実感します。「こころの玉手箱」というコーナーで連載していたときなどは、しょっちゅう「先生、日経読みました。あのときのワンちゃん、元気ですか？」などと声をかけられましたからね。

　そういう場では、こちらも聴衆のみなさんが日経を読んでらっしゃることを前提に、「いま『私の履歴書』で連載されているあの経済人の方は……」とか「つい数日前に発覚した企業スキャンダルについて、日経に……と解説されていましたが」といった形で、よく引用させてもらっています。

　最近は若い層を中心に「ネットニュースしか見ない」人が増えているようですが、紙もいいものですよ。

　クリックして興味のある記事だけを読むネット媒体よりも、新聞はバサッと広げると視界が広くなる分、いろんなジャンルの情報が目に入りやすくなります。興味のなかった、あるいは知識がまったくない分野の記事でも、視界に飛び込んできた見出しに好奇心を覚えることだってあるでしょう。

　つまり新聞のほうが、自分でも〝未開発〟だった好奇心に火をつける可能性があるし、幅広くネタを取ることもできるのです。

　紙の新聞のレイアウトのまま読める「電子版」もあります。これだと紙面が一覧できる良さがあります。拡大もできます。

しかも新聞には、コメントの質を上げるうえで、お手本になる記事がたくさんあります。
　たとえば朝日新聞の「天声人語」とか読売新聞の「編集手帳」のような一面にあるコラムは、新聞を賑わせる世の中の動きやニュースと、さまざまなジャンルの本からの引用を上手に結びつけたものが多いのです。
　たとえば2019年1月16日付の「編集手帳」は、哲学者の梅原猛さんが93歳で永眠されたことを受けての内容でした。以下、前段の文章を見てみましょう。

　縄文時代の土偶に似てるなあ。梅原猛さんは「太陽の塔」に思った。影響を受けたかどうか尋ねてみると、岡本太郎は言った。「そうだろう、梅原くん。縄文時代から僕をまねるやつがいたんだよ」◆梅原さんは岡本さんの無邪気さが大好きになった。持論を裏付ける返答でもあった。〈子どもらしさというのは、やはり創造するための大きな条件ですね〉。だから人間は〈赤ん坊になるために勉強するのですよ〉◆初代所長を務めた「国際日本文化研究センター(京都)」退職後、すぐ隣の小学校で行った特別授業の記録から引いた

　この短い文章に、岡本太郎さんとのくすりと笑えるエピソードが引用されていて、加えて「創造力の源は子どもらしさにある」という梅原さんの持論を象徴する記録の引用もあります。非常に魅力的な文章ですよね。

また後段では、「梅原日本学」とも呼ばれる独創的な著述が文庫本でも読めることを紹介し、こう結んでいます。**「いつも赤ん坊のように初々しい目で文明を見つめた希代の哲学者が逝った」**——。

　こういう記事からあなたが学ぶべきは、一つは、「引用というのは、こんなふうにするものだ」という、ある種のノウハウ。毎日の新聞でこういう記事に触れ、実際に自分でもそのスタイルをまねて書いたり、話したりしているうちに、自然と体得できると思います。

　もう一つは、新聞で引用されていることをそのまま自分のネタにすることです。この例で言えば、岡本さんと梅原さんの「太陽の塔」をめぐる会話を「新聞にあったんだけどね」と引用し、「無邪気さ」について自分の思うところを述べる。あるいは梅原さんの「人間は赤ん坊になるために勉強するのですよ」という言葉を引用して、自分がしてきた勉強のことを振り返ってコメントする、というのもいいでしょう。

　さらに新聞一面のコラムは、好んで読んでいる人も多いので、これを"共通言語"に会話を盛り上げることもできます。ぜひ活用してください。

いますぐやってみよう！

　新聞記事を引用して、自分の考えを1〜2分のスピーチにまとめましょう。朝礼などの場を借りて、みんなで実践してみるのもよいかと思います。

引 用 力

18 本の情報を SNSに書く

　SNSで発信される情報のなかで一番多いのは、おそらく食べ物関連のものでしょう。「どこで何を食べた」とか「毎日こんなお弁当をつくっている」「これがこの店の一押しメニュー」など、写真とともに「私の食ライフ自慢」のようなものが、無数に展開されています。

　あとは、あそこに行った、ここに行った、あれを見た、これを見たと、自分がいかにアクティブに行動しているかをアピールするメッセージでしょうか。

　それを「悪い」とは言いません。メッセージ発信が行動的な毎日を送る原動力になっている部分もありますから。

　残念なのは、メッセージが単なる行動記録になっていて、内容があまりにも薄っぺらなことです。こう言っては何ですが、ワンちゃんだって「ごはんを食べているときに、このボタンを押して"おいしいポーズ"を自撮りして発信しましょうね」と教え込めば、できるんじゃないかと思えるレベルの内容です。

　正直な話、あなたももうSNSの"グルメトーク"に飽き飽きしているのでは？　それこそ「お腹いっぱい」な感じではないかと思います。

　そこで私が提案したいのは、ネタは食べ物でも風景でも何で

もいいから、とにかく本からの引用を利用し、文化の香りをつけたコメントをつくりましょう、ということです。

たとえば誰かから羊羹をいただいたとします。ふつうなら羊羹の写真を撮って、「久しぶりに羊羹を食べた。さすが虎屋、めちゃくちゃおいしかった」というようなコメントを載せるくらいでしょう。

でもそこに、こんな一文があったらどうでしょう？

久しぶりの羊羹（ようかん）。黒光りするその姿を見ていたら、ふと谷崎潤一郎の『陰翳礼讃（いんえいらいさん）』に羊羹の話があったことを思い出した。さっそく調べたら、次のような記述が見つかった。
「玉のように半透明に曇った肌が、奥の方まで日の光を吸い取って夢みる如きほの明るさを啣（ふく）んでいる感じ、あの色あいの深さ、複雑さは、西洋の菓子には絶対見られない。…（中略）…だがその羊羹の色あいも、あれを塗り物の菓子器に入れて、肌の色が辛うじて見分けられる暗がりへ沈めると、ひとしお瞑想的になる。人はあの冷たく滑らかなものを口中にふくむ時、あたかも室内の暗黒が一箇の甘い塊になって舌の先で融けるのを感じ、ほんとうはそう旨くない羊羹でも、味に異様な深みが添わるように思う」
こんなふうに谷崎が羊羹に陰翳の美しさを発見したきっかけは、夏目漱石の『草枕』のなかに羊羹を称賛するくだりがあったことだそうだ。深いなぁ、羊羹！

メッセージの内容がワンランクもツーランクも知的になると思

いませんか?

　こんなメッセージだったら、読んだほうもポロリとこぼれる教養に触れて、何だかトクした気分になるでしょう。

　ウンチクを傾けるのと違って、「そういえば、たまたま読んだことのあるあの本に」という感じで教養がこぼれ落ちる感じがしゃれています。受け取る側も「何だよ、教養を鼻にかけて」とは思わないでしょう。ウンチクだと、話がくどくなるし、あまりにもマニアックになって、興味のない人はどうしても引いてしまいますからね。

　ワンランク上のSNSトークをするためには、本を読んでおもしろいくだりに出合ったとき、「これはこの文脈に使えそうだ」と使える場面を想定することがポイントとなります。

　もっといいのは、そう思った瞬間に、メッセージを発信してしまうことです。自分のエピソード(思い出)に引きつけて、文章をつくってみるのです。たとえばこんな感じ。

深夜、何となくテレビを見ていたら、『天才バカボン』をやっていました。懐かしい!　いまさらながら、「バカボンの着物って、渦巻き模様なんだな。なるほど……」と感じ入りました。

というのも、少し前に九鬼周造の『「いき」の構造』という本を読んでいて、着物の柄としては細い縦縞が一番「いき」だというようなことが書いてあったからです。

「横縞よりも縦縞のほうが「いき」であるのは、平行線としての二元性が一層明瞭に表われているためと、軽功精粋(けいこうせいすい)の味が一層多く出ているためであろう。…(中略)…模様が平行線とし

ての縞から遠ざかるに従って、次第に「いき」からも遠ざかる」

とのこと。であれば、バカボンの着物は"いき度"の低い渦巻き模様がしっくりくる、とも言えます。縦縞だったら、バカボンが「いき」な感じになってしまいます。

赤塚不二夫さんはもしかして、この本を読んでいた？

最初はあなた一人でもいい、こういった知的なメッセージを発信すると、それが"教養刺激"になってみんなに伝染し、競うように教養が「ついこぼれる」メッセージを交換し合うようになるかもしれません。

次世代型のSNSはそちらの方向に行くのではないかと、私は考えています。

いますぐやってみよう！

例にあげた『陰翳礼讃』は、引用しやすい話題が満載です。

たとえば「母屋から離れたところにあった、薄暗い、でも掃除の行き届いた、京都や奈良の寺院の昔風の厠に日本建築のありがたみを感じる」とか、「膳や椀は燭台の灯りの下で見たほうが、深くて厚みのある艶が出て魅力的だ」といった具合。

この本から好きなところを引用して、SNS発信してみましょう。

一度引用して使うと、それが"持ちネタ"になります。いろんな人との会話で、ぽろりとこぼれ落ちやすくなるのです。

もちろんほかの本でもけっこう。「どういう文脈で使えるか」を考えながらの読書もまた楽しいものですよ。

19 引用力
引用で文書を作成する

　私は論文を書くとき、まず、資料を読みながら引用したい文章やデータを先に打ち込むようにしています。

　なぜなら「最初から自分の考えを書こうとすると、気が重くなってしまう」から。書き始めで大きくつまずいて、なかなか先に進めなくなるのです。

　このことを私は、経験的に実感しました。それは、かつて資料を集めることに専心した時期のこと。「できるだけたくさんの資料を読んでから、論文の構成を考えよう」と思ったのですが、なんと資料集めに1年を費やして1文字も書けなかったのです。「僕は何をやっていたんだろう」と呆然としたことを覚えています。

　そこで一念発起。学会に所属して、「必ず1年に4、5本の論文を投稿する」と決めました。そのなかで編み出したのが、「引用ファースト」の論文書きです。どういうものかと言うと……

　引用なら、とりあえず打ち込めばいいだけですから、どういう論文にするかはあまり考えずに進められます。しかも引用の作業中に、それに関連したコメントをつけたくなります。その欲求のままに引用の前後にコメントをつけていくと、論文を構成する一つの塊ができます。いわゆる"資料倒れ"になることなく、読んだ

資料をどんどん論文に生かしていくベースができるわけです。
　あとは、一つ引用を入力するごとにできる構成要素をざっと眺め、配列を考えていけばOKです。引用はけっこう分量もありますので、短時間でかなりの"進んだ感"が得られます。それも大きなメリットでしょう。

　このワザは論文だけではなく、ビジネスパーソンのあなたがプレゼンをしたり、会議に必要な資料や企画書をつくったりするときにも応用可能です。
　作成するべき文書のテーマが決まったら、「可能な限り多くの資料を集めよう」などと思わないでください。
　それをやると、「資料ばかり見てアウトプットにつながらない人」になります。たとえるなら、どんな料理をつくるかを決めずに、スーパーの棚を端から丁寧に、丁寧に見て「さて、何をつくろうか」と考えるようなものなのです。
　ですから、テーマに関連する本を5冊とか10冊集めたら、どんどん読んで、引用できそうな部分を抜き書き＆コメントづけしていきましょう。しだいに作成したい文書の形が見えてきます。それで足りなければ、また新しい資料を集めるなりすればいいのです。
「引用力」は文書作成にありがちな"資料倒れリスク"を軽減する一つのワザであることを覚えておいてください。

雑談力

文脈理解力をつけて「上手に雑談する!」

会議や打ち合わせでも、雑談でも、話には「流れ」があります。
その流れを踏まえて言葉のやりとりをしないと、
スムーズなコミュニケーションができません。
「コミュニケーション力」が欠如しているとはつまり、
いまがどういう状況なのか、相手は何を考えているのか、
自分はどんな発言を求められているのかを理解できないこと。
本を読むときに必要な「文脈理解力」がこれに相当します。
逆に言うと、読書によって「文脈理解力」が鍛えられれば、
「コミュニケーション力」が上がる、ということです。
コミュニケーション能力の高さを4点から考えてみましょう。

①文脈理解力を鍛える
②コミュニケーションを深める
③相手の話に沿って話す
④人の気持ちを想像する

雑談力

文脈理解力を鍛える

　読書で一番鍛えられる能力は、「文脈理解力」です。
　ちょっとあなたが本を読んでいるときのことを考えてみてください。文字を追いながら文脈をつかみ、咀嚼する、そのなかで著者が何を言いたいのかを理解しながら読み進みますよね？
　たとえば、「いまはこういう状況だな」「この結論はこういう原因・経緯から導き出されたものだな」「この発言の背景には、こんな思いがあるんだな」といった具合に、常に頭を働かせていないと、本を読むことはできないのです。
　つまり、あまり意識していないかもしれませんが、読書中は考えることの連続です。別の言い方をすると、「一つひとつの文脈を理解するまで、粘り強く思考し続けている」のです。200ページなり、300ページなりの本を1冊読破するまでの間中、脳がフル回転していると言っていいでしょう。

　読書によって「思考の粘り」が鍛えられると、あなたは「文脈で考えられる人」になります。仕事でもプライベートでも、あらゆるコミュニケーションの場で、常に人の発言を文脈の流れのなかで理解し、あなた自身も文脈に沿って発言できるようになるのです。
　こういう「文脈理解力」は、文字でしか鍛えることができま

せん。言葉が途切れ途切れに連なる活字を読み続けることこそが、「思考の粘り」を鍛えることにつながるのです。

　残念ながら、ユーチューブの面白映像をどれだけたくさん見たところで、「文脈理解力」は身につかないのです。

「文脈理解力」のない人は、その場その場でしかものを考えられません。文脈で考えられないために、状況が理解できない、空気が読めない、人の気持ちが想像できない、といったことが起こります。それでちぐはぐなコミュニケーションに陥ることが多いのです。

　文脈を理解しないで話す人の話し方って、どこか唐突な感じがしませんか？　たとえばみんなで盛り上がっている時に、まったく関係のない自分の話をぶちこんでくる、みたいな人。

　こういう人を見ていると、幼稚なのか、社会性がないのか、頭が悪いのか……いずれにせよ周囲は「困った人だな。しゃべりづらいな」と感じるでしょう。

　そんなふうでは社会人失格。

　本をたくさん読んで、「思考の粘り」と「文脈をつかむ力」を鍛えないことには、"戦力外通告"を受けないとも限りません。

　いまからでも遅くはない。読書習慣を身につけましょう。

21 コミュニケーションを深める

雑談力

　長くつき合っているのに、いつまでたっても表面的なやりとりに終始する人がいます。
　一方で、知り合って間もないのに、気がついたら「深い話をする間柄になっている」場合もあります。
　その違いはどこからくるのでしょうか。
　もちろん相性の良し悪しとか、考え方・価値観が似ている、といったこともあるでしょう。でも一番大きいのは、それぞれの話の内容が互いの知的好奇心を刺激し合えるかどうか、だと思います。

　たとえば「話題の映画」について会話するとします。浅いコミュニケーションはこんな感じ。
「あの映画、見ましたか？」
「見ましたよ」
「おもしろかったですか？」
「はい」
「どこが？」
「いや、どこがって……全部ですよ」
「そうですか」
　話がまったく膨らまないのです。こちらの質問に対する答えが

あまりにも単純で、次の質問に行き詰まってしまうからです。

　ひとこと、ふたことでいい。映画について尋ねられた人がもし、印象に残ったシーンの話や、監督が創る世界観、出演俳優の力量、原作との違いなどについて話をしたら、質問が自然と深くなります。当然、答える側の思考も深くなります。互いが頭を回転させて言葉のやりとりをすることで、実り多い時間になると言ってもいいでしょう。

　つまりコミュニケーションの浅い・深いを決めるポイントは、「教養をバックボーンにしたおもしろい話をできるかどうか」。

　だからこそ本を読むことが大切。教養を育むのに読書ほど適した"トレーニング・ツール"はないのです。

　ただし教養とは、雑学や豆知識のようなものとは異なります。単なる「物知り」が教養のある人ではありません。自分のなかに取り込んだ知識・情報が血肉となって、自身の人格や仕事、人生にまで生きている。そういう人が教養のある人です。

　本を読むことで知識を深め、思考を深め、人格を深め、さらに「深いコミュニケーションのできる人」になりましょう。

雑談力

相手の話に沿って話す

　私は以前、相手の文脈に関係なく、自分の文脈で話してしまうことがよくありました。

　これはいけません。自分の考えばかりを押しつけることになりますからね。

　そうなると、相手だって反発して、自分の考えに固執するようになります。互いの考えをすり合わせる余裕がなくなってしまうのです。当然、何の結論も得られないままに時間切れ、解散、みたいなことになります。

　そういうことを何度か繰り返すうちに、「こんな不毛なことをやっていてもしょうがない」と気づきました。

　そして、これまでの発言の仕方を180度転換。「相手の文脈に沿って話す」ようにしました。

　具体的には、相手とは考え方が違っていても、とりあえず、
「君の理論で言うと、こうなりますね。たしかに一理ありますね」
　というふうに受ける。

　相手の考えを要約して話すことで、「あなたの文脈は理解しました」と示すアピールになります。その後で、
「ちょっと視点を変えて、こういうふうに考えてみませんか？」
　などと自分の考えを述べるのです。

こちらが下手に出れば、相手だって「そっちの話も聞くよ。場合によっては、そちらの文脈に乗ってみてもいいかな」という気になるものです。
「自分の文脈で話す」ことへのこだわりを捨てた瞬間に、相手の文脈を受け入れる態勢が整い、互いが互いの話をよく聞くようになるわけです。
　結果、互いの文脈に接点が生じ、話がおもしろくなるし、盛り上がります。

　議論に限らず、打ち合わせでも日常的な会話でも、コミュニケーションの基本は「相手の文脈に沿って話す」こと。その能力も読書で鍛えることができます。
　なぜなら本を読むことはつまり、相手（著者）の文脈に沿うことだからです。それは、コミュニケーションにおいて相手の文脈を理解して話すことと同じなのです。

「相手の文脈に沿う」ことと「相手の考えに屈服する」こととは、似ているようで違います。
　前者は相手の文脈をいわば叩き台にしてコミュニケーションを発展させていくのに対して、後者は相手の文脈を押し売りされること。その辺りを間違えないようにしてください。

いますぐやってみよう！

　日常会話をトレーニングの場にして、相手が発言したら、それを要約して返す練習をしましょう。「相手の文脈に沿って考える」習慣が身につきます。

23

雑談力

人の気持ちを想像する

　コミュニケーションではまた、人の気持ちを理解することが大切です。同じ言葉でも、どんな気持ちで言っているのかをちゃんと理解しないと、受け止め方がまったく違ってくるからです。

　たとえばあなたが上司から、「いい仕事をしてくれよ」と言われたとします。その言葉はどんな気持ちから出てきたのでしょうか。二つ、考えられます。一つは、

「君の仕事ぶりにはいつも感心している。今回もいい仕事をしてくれることを期待しているよ。がんばってね」

　というプラスのニュアンス。もう一つは、

「ここのところ、成果があがっていないよね。怠けているのか、力不足なのか。いずれにせよ次こそはいい仕事をしてくれないと困る。これ、最後のチャンスだと思ってくれよ」

　というマイナスのニュアンス。

　相手の気持ちがどちらなのかは、その言葉が出るに至った状況とか、言っているときの顔の表情や声の調子などから想像しなくてはなりません。

　その想像力が的確に働かないと、この例で言えば、期待されているのに落ち込んだり、逆に評価が低いのに期待されていると誤解して舞い上がったりするようなことが起こります。

これは単純な例ですが、人の感情というのは複雑なもの。表情は明るくても、心はどんよりしていたり、喜んでいるように見えて実は不満を抱いていたり、好きでやっているかと思いきや、本当は苦手でやりたくないと思っていたり。本心・本音をつかむのは、なかなか難しいのです。

　では、人の気持ちを理解するだけの想像力を身につけるには、どうすればよいか。一番いいテキストは、小説や戯曲、評伝など、文学全般の本。人間の複雑な感情の動きが描かれています。たとえば、

「人間って、こういう場面で、こんなふうに考えるんだな」

「似たようなシチュエーションでも、性格によって取る行動はまったく違ってくるんだな」

「置かれた状況によって、人はこんなにも変貌するんだな」

「善人と悪人は紙一重かもしれないな」

　など、さまざまな学びがあります。人の気持ちを想像するための材料が豊富に盛り込まれているのです。

　以下、とりわけ私がおすすめしたい、「人間の複雑な感情が学べる名著」の一端を紹介しましょう。

【リア王（シェイクスピア）】

　この悲劇は、リア王が国事から引退し、3人の娘たちに領土を委譲する場面から始まります。「お前達のうち、誰が一番この父の事を思うておるか、それが知りたい、最大の贈物はその者に与えられよう」と宣言したときのリア王はご機嫌ですらあります。ところが口のうまい長女・次女に丸め込まれて裏切られ、

絶望して怒り狂いながら嵐の荒野を彷徨することになります。権力者の傲慢なふるまいの裏にある孤独な心情や、権力に媚びへつらう者の本心などが学べます。

【カラマーゾフの兄弟】（ドストエフスキー）

この小説ほど、登場人物一人ひとりの無意識の領域まで踏み込んで、人間の深みを表現し切った作品はありません。まさに「世界最高峰の傑作」だと、私は思っています。かなりの長編なので気が臆するかもしれませんが、読んでごらんなさい。「カラマーゾフ家の好色な父フョードルを誰が殺したのか」というサスペンス的なストーリーにぐいぐい引き込まれます。

私が個人的に好きなのは、スネギリョフという二等大尉と息子の話。大尉は気が弱いけど、プライドが高い人。カラマーゾフ家長男のドミートリーに酒場で乱暴され、表沙汰にしないでくれと差し出された見舞金を踏みつけにします。本当はお金が欲しいのですが、「こんな金を受け取ったら、息子に顔向けができない」と思ったのです。さまざまな思いが交錯するその切なさにぐっときます。

【嵐が丘】（エミリー・ブロンテ）

恋の情念とか復讐心に燃える人間の姿を描いたのがこの作品。あらすじを超短くまとめてしまうと、「嵐が丘というお屋敷を舞台に、お嬢様のキャサリンと、主人に拾われてきた子のヒースクリフがすさまじい愛憎劇を展開する」ものです。

二人は強烈に引かれ合いながらも別の人と結婚します。「人

間の魂がなにで出来ていようと、ヒースクリフとわたしの魂はおなじもの」と言い切るキャサリンは、ヒースクリフが夫の妹と結婚するや、嫉妬に狂って死んでしまいました。一方、ヒースクリフはキャサリンの死後、墓を暴いて言いました。「いま一度、あいつを腕に抱こう！　冷たくなっていたら、俺が凍えているのはこの北風のせいと思い、動かなければ、眠っているんだと思おう」と。

　二人の持つ情念の強さは、現実にはなかなかないものかもしれませんが、だからこそおもしろく、人間の業の深さに感じ入ります。

【ファウスト（ゲーテ）】

　ゲーテが生涯をかけて取り組んだ長編のこの戯曲では、ファウスト博士が悪魔メフィストフェレスと取引をします。

「人生のあらゆる快楽や悲哀を体験するなかで、もし永遠に続いて欲しいと思う一瞬があったら、『時よ止まれ。お前は美しい』と言おう。そしてその瞬間、自分の魂を悪魔に捧げよう」と。

　そこから魂の壮大な旅が展開。さまざまに揺れ動く博士の気持ちは、そのまま人間の感情を理解することにつながります。

　そして博士は、町を建設する場面に遭遇したとき、この禁句を言ってしまうのです。

　それは博士が人間の生きる意味を悟ったということ。いまだけを見つめて生きることの大切さを見出しました。

【駈込み訴え】（太宰治）

　ユダはイエスを敵に売った背信の徒とされていますが、太宰はそのユダの単に裏切り者とは言い切れない複雑な心を描いています。読み進むにつれて、「イエスを愛し、深く理解しているがゆえに、その愛が報われないことに苛立つユダの気持ち」を理解したいと強く思うはず。人間関係において一番大事な「相手を理解しようとする気持ち」を学べます。

【金閣寺】（三島由紀夫）

　1950年に起きた金閣寺放火事件を題材にした作品です。引っ込み思案で吃音のある、コンプレックスを抱えた青年僧が金閣寺の美しさに魅せられます。その美への復讐と独占のために火を放つまでの心理的葛藤が、告白の形で描かれています。
　論理的かつこまやかな心理描写を読むと、人間の感情の奥行きの深さに感じ入るほど。音読するのもおすすめです。

【草枕】（夏目漱石）

「山路を登りながら、こう考えた。智に働けば角が立つ。情に棹させば流される。意地を通せば窮屈だ。兎角に人の世は住みにくい。住みにくさが高じると、安い所へ引き越したくなる。どこへ越しても住みにくいと悟った時、詩が生れて、画が出来る」
　あまりにも有名な、冒頭のこの一節に、人と気持ちを通わせ合いながら生きることの難しさが集約されています。画家である主人公の人間観察や美への洞察の鋭さに触れながら、「住みにくい人の世だからこそ、そこに人生の妙がある」と感じること

ができます。

【源氏物語】（紫式部）

　言わずと知れた「日本文学の最高峰」。平安の"超モテ男"光源氏がさまざまなタイプの女性たちと恋愛を繰り広げます。登場人物の心理が絶妙に描写されており、恋のかけひき的なものが学べます。さまざまなタイプの女性の心理も学べます。

　また源氏は、女性関係だけではなく、朝廷内の人間関係でも苦労をした人物。ビジネス社会と重ね合わせて読むと、またひと味違った学びがあります。

　なにしろ長編なので、「現代語訳でも読破が難しい」という人は、とりあえず「若菜」を読んでみてください。近代小説に近く、比較的読みやすいかと思います。

【平家物語】

『平家物語』は平家一門の栄華とその没落、滅亡を描いた軍記物語です。

　ですから本来の魅力は合戦の場面にあるのですが、敵・味方を越えて交わされる「情」がきめ細かく描かれています。

　たとえば「敦盛最期」では、自分の息子ほどの年齢の麗しく高貴な青年・敦盛を、敵だけれど殺すに忍びない――そんな熊谷次郎直実の気持ちに共感します。

　またラストを飾る「大原御幸」では、壇ノ浦の戦いで助けられて出家し、京都・大原の寂光院に庵を結んだ建礼門院を後白川法皇が訪れます。

政争に揉まれるなかで、いろいろあり過ぎた二人が奇しくも生き延びて再会したとき、怨みや切なさを越えて通い合う情があったことでしょう。
　建礼門院が容色衰え、うらぶれた姿を見せることに恥じらう女心にもしみじみします。

　日本を含む世界の文豪たちは、大量の本を読んでいます。
　それによってさまざまな精神文化を背負い、文学の形に表わしているのです。だから文豪と呼ばれる人の本を1冊読むだけでも、その作家の背景にある大量の本が雪崩を打ってガーッと押し寄せてくるような感覚が得られるでしょう。
　ここにあげた古典・名著はほんの一例。
　それに、いつの時代の文学も、人間の心情とその絡み合いを描いたものばかり。
　古典・名著から歴史小説、純文学、恋愛小説、推理小説、エンタメ小説、伝記……あなたもジャンルを問わず、たくさんの文学作品を読めば、人間の気持ちを理解する、豊かな想像力が育めます。

文章力

見出しと語彙で「文章力をつける!」

いまや時代は「一億総文筆家」の様相を呈しています。
社内での業務連絡も、取引先とのやり取りも、
ありとあらゆるコミュニケーションがメールに置き換えられ、
加えてプレゼンやら会議やら資料づくりやら、
文書を作成する仕事がどんどん増えています。
「文章力＝仕事力」と言っても過言ではないでしょう。
本を読むことはまた、その「文章力」を磨く砥石にもなります。
4つの観点で「文章力」につながる読書を考えてみましょう。

① 本のタイトルに見出しを学ぶ
② コピーライターの文章を読む
③ 語彙力をつける
④ いい文章を書き写す

24 文章力
本のタイトルに見出しを学ぶ

　メールでも、企画書やプレゼン・会議の資料でも、何かの文書をつくるときに、どんなタイトルをつけるかは非常に重要です。

　というのも伝えたい内容がパッと伝わるキャッチーなフレーズがあると、内容をちゃんと読んでもらえるからです。

　また最初に文書のポイントが読み手の頭にポンと入るので、内容が少々複雑で細かいものであったとしても、理解されやすい、というメリットもあります。

　見出しづけをするとき、あなたはそこまで考えていますか？

　ビジネス文書では総じて、たとえば「販売計画について」とか「打ち合わせの件」「〇〇に関する市場調査」など、おもしろみのないタイトルになりがち。項目につける見出しで伝えたいことを打ち出す方法もありますが、それは当然のこととして、できればサブタイトルでもいいから、キャッチーなフレーズをつけるのが望ましい。

　お笑いの人がよく言う「つかみはOK」ではないけれど、文書の見出しで読み手の目を引き、思わず身を乗り出してしまうくらいに心を強烈につかむよう工夫したいところです。

　もっともキャッチーなフレーズを考え出すのは、そう簡単では

ありません。ここは「プロの作品」から学ぶことをおすすめします。

その一つが本のタイトルです。本というのは、まず書店を訪れたお客様の目を引き、心をつかむものでなければなりません。手に取ってもらわなければ、買ってもらえないし、読んでもらえないからです。それはもう、本のタイトルが売れ行きを左右すると言ってもいいくらいです。

それほどのものですから、本のタイトルには著者、または著者が何を伝えたいかを誰よりもよく知る編集者の渾身の思いが込められています。しかも練りに練られた言葉はとても魅力的です。

たとえば2010年以降のベストセラーだけを見ても、秀逸なタイトルがズラリ。その一部を簡単な解説とともに羅列すると……

・体脂肪計タニタの社員食堂　500kcalのまんぷく定食
（タニタ）

ダイエットのイメージを「体脂肪計」が象徴すると同時に、ダイエットに大敵の「まんぷく」という言葉を効果的に配置。

・人生がときめく片づけの魔法（近藤麻理恵）

手っ取り早く幸せが手に入りそうな予感を抱かせる。

・置かれた場所で咲きなさい（渡辺和子）

ムリしてがんばることを強いられる現代にあって、心がふっと軽くなる感じが得られる。

・医者に殺されない47の心得（近藤誠）

人の命を救う医者に殺されるってどういうこと？……ショッキン

グなタイトルが好奇心を刺激する。「47」の数字も魅力。

・**伝え方が9割**（佐々木圭一）

「9割」という数字がミソ。「どうして言いたいことが伝わらないんだろう」という悩みを抱える多くの人にアプローチ。

・**雑談力が上がる話し方——30秒でうちとける会話のルール**

私、齋藤孝の本。「雑談力って能力だったの？」という新鮮な驚きを与え、同時に「30秒でうちとける」簡単さに引かれる。

・**人生はニャンとかなる！——明日に幸福をまねく68の方法**

（水野敬也、長沼直樹）

「幸福の招き猫」的ご利益が得られそう。近年増え続ける猫好きのハートもキャッチ。「68」の数字も魅力。

・**家族という病**（下重暁子）

「家族とはすばらしいもの」という幻想を打ち砕くような見出しだが、「そうかも」と思わせるものもあり引きつけられる。

・**学年ビリのギャルが1年で偏差値を40上げて慶應大学に現役合格した話**（坪田信貴）

長いタイトルに「ありえない」と言いたくなるような本当の話のあらすじが込められている。受験生に必読感を与える。

・**君の膵臓をたべたい**（住野よる）

まずドキッとさせられ、オカルトっぽい話かと思いきや、高校生の純愛ストーリーと知って二度ビックリ。間違いなく「読んでみたい」気持ちに火をつけるタイトルです。

・**九十歳。何がめでたい**（佐藤愛子）

サバサバしていて怒りっぽい（？）著者のキャラが立ち、高齢者ならずとも元気をもらいたくなります。

・**嫌われる勇気**（岸見一郎）

人に好かれたいと思うのが普通の気持ち。そこを逆転して、嫌われる勇気を持てばラクになれるんだと目を開かれるタイトルです。

・**ざんねんないきもの事典**（今泉忠明）

従来の図鑑の常識を破る斬新さ。年齢を問わず、生物好きか否かも関係なく引きつけられます。

ベストセラーだけではなく、また新刊・近刊本に限らず、洋の東西も時代も問わず、うならされる本のタイトルはたくさんあります。

一例をあげると、『**金持ち父さん　貧乏父さん**』（ロバート・キヨサキ）のように対立する概念を組み合わせたものや、『**聞く力**』（阿川佐和子）のように「力」の字で強調するもの、『**人は見た目が9割**』（竹内一郎）というふうに圧倒的な決め手になる要素を呈示するものなどなど。

それらからタイトルづけの手法を学ぶとともに、「アレンジして使う」工夫をしてもいいでしょう。

たとえば『**罪と罰**』は、「罪を犯す」ことと「罰を受ける」ことという二つの概念を組み合わせた、何ともかっこいいタイトル。ドラマや漫画、歌、ゲームなど、これを借用した作品は多いですよね。

『〇〇と××』と、二つの言葉を並列させると、シンプルでわかりやすく、いい感じのタイトルになります。『**夜と霧**』（V・E・フランクル）、『**美女と野獣**』（ボーモン夫人ほか）、『**春と修羅**』（宮

沢賢治)、二人の名を合わせた『**アントニーとクレオパトラ**』(シェイクスピア)、『**ジキル博士とハイド氏**』(ロバート・ルイス・スティーヴンソン)、三者を「と」でつないだ『**猫と庄造と二人のおんな**』(谷崎潤一郎)といった具合に。

　海外の古典的名著にはほかにも、翻訳のうまさも含めて、惚れ惚れするようなかっこいいタイトルの作品があります。

『**孤独な散歩者の夢想**』(ルソー)、『**百年の孤独**』(G・ガルシア=マルケス)、『**存在の耐えられない軽さ**』(ミラン・クンデラ)、『**悲しき熱帯**』(レヴィ=ストロース)など、枚挙に暇がありません。

　うまいタイトルづけを学ぶには、より多くの名タイトルを見つけ、それを名タイトルならしめている要素を分析してみることがポイント。だんだんにコツがわかってくるでしょう。

いますぐやってみよう!

　書店に行き、棚から棚へ、本の背表紙を見ながら歩きましょう。そのなかで「うまい!」と思ったタイトルをメモし、どこがうまいのかをあなたなりに分析しましょう。

25 文章力
コピーライターの文章を読む

「コピーライター」はいわば「言葉の魔術師」。企業や商品、サービスの魅力を短い言葉で表現するのが仕事です。目的は、企業イメージを上げることだったり、消費者の購買欲をそそることだったり。糸井重里さんや仲畑貴志さんら名コピーライターがこれまで手がけてきたキャッチコピーをざっと見るだけでも勉強になります。

いま思い出すだけでも、糸井さんは**「くうねるあそぶ」**（ニッサン・セフィーロ）**「インテリげんちゃんの、夏休み。」**（新潮社・新潮文庫）**「いまのキミはピカピカに光って」**（ミノルタ）**「おいしい生活。」**（西武百貨店）など、仲畑さんは**「みんな悩んで大きくなった。」**（サントリー・サントリーゴールド900）**「おしりだって、洗ってほしい。」**（TOTO・ウォシュレット）**「反省だけなら猿でもできる。」**（大鵬薬品・チオビタドリンク）など、名作揃い。古いものながら、いまも色あせない魅力を放っています。

また名作を見るだけではなく、もっといいのは、コピーライターが書いた本を読むこと。糸井・仲畑両氏は著作も多いので、いいコピーが生まれる原動力みたいなものが学べます。

たとえば『**糸井重里の萬流コピー塾**』（糸井重里・文藝春秋）『**糸井重里全仕事**』（天野祐吉編・マドラ出版）『**仲畑広告大仕

事』（仲畑広告制作所・講談社）など、古いけれどいい本があります。中古市場で見つけて読んでみてください。

　私は以前、電通OBのクリエイティブディレクター、杉山恒太郎さんが**『クリエイティブマインド』**という本を刊行されたときに対談したことがあります。

　印象的だったのは、本にも触れられていましたが、キャッチコピーというのはフレーズがポッと湧き上がってくるのではなく、アイデアを出して、出して、出して、ブラッシュアップするプロセスを経て誕生する、ということでした。

　杉山さんの代表作の一つである「**ピッカピカの一年生**」も、まず「入学が待ち遠しい一年生」「春が待ち遠しい一年生」など、いくつものフレーズが変化していったそうです。ちなみに「**セブンイレブンいい気分**」も杉山さんのコピーです。

　もう一つ、アイデアに関する本もたくさん出ているので、あなたも「アイデアって出ないよねぇ」と嘆く暇があったら、アイデアを出すためのノウハウの詰まった本を読んでみましょう。有名どころで**『アイデアのつくり方』**（ジェームス・W・ヤング）がおすすめです。帯にある「60分で読めるけど、一生あなたを離さない」という文章もうまい！

いますぐやってみよう！

メールやSNSのメッセージなど、あなたの書く文章に気の利いたタイトルをつける練習をしましょう。安易な思いつきではなく、考えに考え抜いたコピーをつくる気構えでトライしてください。

26

文章力

語彙力をつける

　公私を問わず、コミュニケーションの主流が話し言葉から書き言葉に移行しつつあるいま、「文章力」はビジネスマンが磨きをかけるべきスキルとして、重要性を増しています。

　ラインやツイッターなど、おもにプライベートで交信するSNSなら、ほとんど話し言葉で書いてもOKですが、仕事の文書となるとそうはいきません。"書き言葉"的かつ品がほしい。整った文体で、かつ豊富な語彙を駆使して書く必要があります。

　そこで大事になってくるのが「語彙力」です。おそらく多くの人が自分には語彙力が不足しているのではないかと不安に感じているのでしょう。ここのところ、語彙力をテーマにした本がとてもよく売れているようです。

　私自身、何冊か出させていただきましたが、その反響の大きさに驚いています。と同時に、「もっと語彙力を増やしたい」と思う人が増えていることに喜びを感じています。

　では「語彙力」は、どうすれば強化することができるのでしょうか。これはもう、読書で"読みの訓練"をする、これに尽きます。

　言うまでもなく、本は無数の言葉が積み上げられた"語彙の山"。日常会話ではあまり使われない多くの言葉や言い回し、

ちょっと難しい漢熟語などが用いられています。

　そのなかで知らない言葉が出てきても、文章の流れや漢字から意味を類推することはできます。それで見当がつかなくても、辞書やネットで調べればすぐに解決します。そうして本を読めば読むほど、「知らなかった言葉」が「知っている言葉」になっていくわけです。

　ただしせっかく覚えた言葉や表現、言い回しも、使わなければすぐに忘れてしまいます。確実に自分の語彙を増やしていくためには、やはりアウトプットが重要なのです。あなたも「新しい語彙を覚えたら、すぐ使う」をモットーに、使える場を求めて、コメント発信していくといいでしょう。

　大事なのは、本を読んで「日本語の書き言葉に馴染む」こと。そうすればしだいに「日本語の書き言葉で思考する」能力が磨かれます。このレベルまでくればしめたもの。仕事で必要な文書を書くときも、自分の頭のなかではすでに文章になっていますから、あっという間に仕上げることができるようになるのです。

　どこに出しても恥ずかしくない整った文章をスラスラと書ける人は、仕事ができる・仕事が速いと評価されます。逆に言えば、できた文書で、書いた人の知性は推し量られる、ということです。これからの時代、文章力の低い人は「仕事ができない人」と見なされ、重要な仕事を任されなくなるでしょう。だからこそ本を読み、基礎的な文章力を上げていくことが求められるのです。

27

文章力

いい文章を書き写す

「文章力」をつけるにはもう一つ、いい方法があります。それは「いい文章を書き写す」ことです。

たとえば作家の浅田次郎さんは「文章修業のために、川端康成や谷崎潤一郎らの文章を書き写した」と言っておられます。「いい文章とはどんなものかを体で覚える」ということでしょう。

「こういう文章が書きたい」と思う文章に出合ったなら、自分の手で書き写すのもよいかと思います。キーボードで打ち込むのも悪くはありませんが、やはり手書きのほうが時間がかかる分、写す文章を反芻しつつ、いろんな思考を巡らせることができますから、勉強になる部分がより大きいのではないでしょうか。

またベンジャミン・フランクリンは、文章力を伸ばすためのトレーニング方法を考え出しました(『フランクリン自伝』)。

きっかけは、「スペクテーター」という雑誌を読んだこと。その文章力の高さに感動し、「自分もこういう文章を書けるようになりたい」と思ったそうです。

その方法とは、まず「すばらしい」と思った記事をいくつか選び、その内容を思い出すための必要最低限のヒントをメモします。次に数日後、それらのヒントを参考にして、記事の再現を試みます。それを元の記事と照らし合わせるのです。

といっても、目標は手本の記事を正確に再現することではなく、同じくらい高いレベルの文章を書くこと。この練習によってフランクリンは、自分の語彙が乏しいことに気づいたそうです。
　そこで次に、語彙を増やすための練習に取り組みました。記事を再現するときに、まず俳句や詩のような韻文形式の文章にし、数日後にその韻文を散文、つまりふつうの文章に戻すことをしたのです。それを元の記事に照らし合わせるのですが、これにより最適な言葉を探す習慣が身についたといいます。
　さらに論理的思考を展開するための練習として、記事の内容を思い出すためのヒントをシャッフルして順番がわからないようにする、という工夫もしました。そうして話の展開を忘れたころに、バラバラのヒントを最も論理的展開だと思える順番に並べて文章を書くのです。
　ちょっと複雑ですが、とりあえず一つ目の練習ならできそうですよね。「文章力」トレーニングの参考にしてください。

　それはさておき、文章の上手な作家の作品というのは、冒頭の部分だけを取ってもすばらしい！　読む人の心をつかまえる言葉のセンスを学ぶうえで、これほどいいテキストはありません。
　以下に近代文学を中心に、名著の冒頭の名文を5つほど紹介しておきましょう。音読したり、書き写したりしながら、美しい日本語とはどういうものなのか、"名調子"にどんな文章力の極意が秘められているのかを、体で学び取っていただければと思います。

【女生徒】(太宰治)

あさ、眼をさますときの気持ちは、面白い。かくれんぼのとき、押入れの真暗い中に、じっと、しゃがんで隠れていて、突然、でこちゃんに、がらっと襖をあけられ、日の光がどっと来て、でこちゃんに、「見つけた！」と大声で言われて、まぶしさ、それから、へんな間の悪さ、それから、胸がどきどきして、着物の前を合せたりして、ちょっと、てれくさく、押入れから出て来て、急にむかむか腹立たしく、あの感じ、いや、ちがう、あの感じでもない、なんだか、もっとやりきれない。

【蜘蛛(くも)の糸】(芥川龍之介)

ある日の事でございます。御釈迦様は極楽の蓮池のふちを、独りでぶらぶら御歩きになっていらっしゃいました。池の中に咲いている蓮の花は、みんな玉のようにまっ白で、そのまん中にある金色の蕊(ずい)からは、何とも云えない好(よ)い匂(におい)が、絶間(たえま)なくあたりへ溢れて居ります。極楽は丁度朝なのでございましょう。

【風の又三郎】(宮沢賢治)

どっどど　どどうど　どどうど　どどう
青いくるみも吹きとばせ
すっぱいかりんも吹きとばせ
どっどど　どどうど　どどうど　どどう

谷川の岸に小さな学校がありました。

教室はたった一つでしたが生徒は三年生がないだけで、あとは一年から六年までみんなありました。運動場もテニスコートのくらいでしたが、すぐうしろは栗の木のあるきれいな草の山でしたし、運動場のすみにはごぼごぼつめたい水を噴く岩穴もあったのです。

【坊っちゃん（夏目漱石）】
　親譲りの無鉄砲（むてっぽう）で小供の時から損ばかりしている。小学校に居る時分学校の二階から飛び降りて一週間ほど腰を抜かした事がある。なぜそんな無闇をしたと聞く人があるかも知れぬ。別段深い理由でもない。新築の二階から首を出していたら、同級生の一人が冗談に、いくら威張っても、そこから飛び降りる事は出来まい。弱虫やーい。と囃（はや）したからである。小使（こづかい）に負ぶさって帰って来た時、おやじが大きな眼をして二階ぐらいから飛び降りて腰を抜かす奴があるかと云ったから、この次は抜かさずに飛んで見せますと答えた。

【夜明け前（島崎藤村）】
　木曾路はすべて山の中である。あるところは岨（そば）づたいに行く崖の道であり、あるところは数十間の深さに臨む木曾川の岸であり、あるところは山の尾をめぐる谷の入り口である。一筋の街道はこの深い森林地帯を貫いていた。
　東ざかいの桜沢から、西の十曲峠まで、木曾十一宿（しゅく）はこの街道に添うて、二十二里余にわたる長い谿谷（けいこく）の間に散在していた。道路の位置も幾たびか改まったもので、古道はいつのまに

か深い山間に埋もれた。

　どうでしょうか。どれも心が、冒頭の一文からすーっと物語の世界に引き込まれていくようですね。

　以上はほんの一例。名作は洩れなく、冒頭の文章がすばらしいので、名人技の数々に感じ入っていただきたいと思います。

　また古典にしても、たとえば『**土佐日記**』（紀貫之）の「**男もすなる日記といふものを、女もしてみむとしてすなり……**」とか、『**平家物語**』の「**祇園精舎の鐘の声諸行無常の響きあり……**」、『**おくのほそ道**』（芭蕉）の「**月日は百代の過客にして……**」、『**方丈記**』（鴨長明）の「**ゆく川の流れは絶えずして……**」など、冒頭を飾る文章は名文ばかり。現代文に引用するうえでも使えます。

PART **III**

本は読めばあらゆる「スっく

読むほど
キル」が

スキルアップ

「ビジネス書」で「仕事のスキル」をつける

スキルアップの目的が強みをいっそう強化することでも、
弱みを補強することでも、まずやるべきは、
自分の求めるスキルについて書かれたビジネス書を読むこと。
それが一番素直で、効果的なやり方だと思います。
実際、起業して成功した青年実業家のなかには、
「ビジネス書を片っ端から読んだ"ビジネス書おたく"です」
と明言する人は多く、またビジネス書を愛読した彼らが後年、
ビジネス書の著者になることも珍しくはないのです。
問題はどう読むか。4つの視点で考えていきましょう。

①本の内容を実践する
②"ハウツー読み"をする
③教養本を読む
④漫画や小説を仕事に役立てる

28 スキルアップ

本の内容を実践する

　ビジネス書で注意するべきは、「読んで、わかった気になる」ことです。
「なるほど、そういう考え方をすればいいのか」
「なるほど、そういう知識が必要なのか」
「なるほど、そういうトレーニングをすればいいのか」
「なるほど、そういう行動が重要なのか」
　など、ためになる学びがあっても、「なるほど、なるほど」で終わったのでは、本を読んだ意味がありません。
　ビジネス書に限らず、日常生活に役立つ技能・知識・情報等が書かれた、いわゆる実用書全般はとくに「読んで学ぶ」だけではダメ。「実践する」がプラスされて初めて、「読んだ甲斐があったなぁ」ということになるのです。つまり、
「学んだことを実践する」
　という心構えをもって読むことが大切なのです。

　同様に、たとえビジネス書に書かれていることが、すでに「知っている」ことばかりであったとしても、「読む価値なし」とバカにしてはいけません。
「これ、知ってる。これも、これも、これも、知ってる。何だ、当たり前のことばかりで、おもしろくないな」

などと言って、切り捨てるのはもってのほかです。

なぜなら「知っている」ことと、「実践するまでに身についている」こととは、まったく次元が違うからです。スキルアップを目指すなら、「知っている」だけではなく、「実践できている」ことこそが重要なのです。ですからビジネス書は、

「自分はできているか、いないか」

をチェックしながら読むのが本来です。

これはいわば「やってみる読書」。スキルアップにつながる何かをやってみる、そのきっかけが本にある、ということです。

読み方は以下の2つ。

①挑戦課題を発見・実践

本を読んでいてあなたが「あ、そうか」と気づいたこと、ためになるなと思ったことがあったら、そこをラインマーカーなどで囲んで、付箋をしておきましょう。

そこはそのまま、自分が取り組むべき課題。一つずつ、とりあえず1週間、実践してみてください。

それでたしかに自分が成長したと思えたら、本に投資したお金以上のものが返ってきた、ということです。

1冊の本につける付箋は、そんなに多くなくてかまいません。「1箇所でも付箋をつけられればOK」くらいの軽い気持ちで、読んでいきましょう。

②要約&チェック

本を読みながら、要点を箇条書きにしていきます。その際、項

目の頭にチェックボックスをつけます。そのチェックボックスに、あなたが実践できていることには「✓」、できていないことには「◎」などのマークを入れます。

　こうしておくと、自分がスキルアップのために何を実践するべきかが一目瞭然。「◎」印のものについて、①と同様に実践しましょう。

　いずれもポイントは「本で読んだことを、すぐに試してみる」こと。それも少なくとも1週間、できれば2週間くらいは続けることが望ましいですね。

　ダイエット本もそうですが、すぐにやってみるのはいいとして、3日と続かない人がほとんどです。そんなに短期だと、効果が出なくて当たり前。せめて1～2週間続けて、効果がなければその本の内容は自分に合っていないと判断する感じでよいかと思います。

　私はよく教師志望の学生たちに、こんな課題を出します。
「教師は褒めたり、励ましたりすることが大事なので、とりあえず1週間、バイト先や家族など、周りの人を努めて褒めることをしてみてください」

　たったそれだけのことですが、意識して人を褒めまくる1週間を過ごすと、学生たちはほぼ全員、「人間関係が良くなりました」という感想を寄せてくれます。

　あなたも「1週間実践してみて身についたら、そのノウハウやスキルはやがて"一生もの"のワザになる」と信じて、ビジネス書をスキルアップに大いに活用してくださいね。

「やってみる読書」を実践できたか、チェックしてみましょう。

✓	途中で読むのをやめてしまった本を"2割"読む
✓	最後まで読めなかった本の目次をみて気に入った順番で読む
	3色ボールペンで線を引きながら、新書を読む
◎	気づきや感動をSNSで逐次配信する
✓	読書内容をメモする
◎	日本語で書かれた短編小説を音読する
◎	『フランクリン自伝』十三徳を実行できたかチェックする
✓	書店を待ち合わせ場所にする
◎	20分で読んだ本の内容を、1分で友達にプレゼンする

※本書236 − 237ページの「やってみようリスト」を活用してみてください。

29 "ハウツー読み"をする
スキルアップ

　ビジネス書の種類は、仕事の数だけあります。

　経営戦略、マーケティング、データ分析、論理的思考、問題解決力、コーチング、コミュニケーション、アイデア、会計、プレゼン、交渉力、ブランディング……もはやジャンル分けが不可能なくらい、テーマは細かく、多岐にわたります。

　加えて、天才経営者のサクセスストーリーにもとづくノウハウを集めた本もあれば、一般ビジネスマンに最低限必要な能力を総花的にまとめた本、各種スキルを上げるためのトレーニングの本、古典をビジネスにひもづけて解釈する本など、実に多種多彩です。

　そのなかでどの本を選ぶかは、人それぞれ。ベストセラーに乗ってみるもよし、本屋さんの棚の前で降りてきた直感に従うもよし、人のすすめを受けるもよし。知りたい知識、上げたいスキルをテーマにした本のなかから、どれでもいいから、あなたに合う、別のタイプのものを3冊ほど読むのがいいと思います。

　なぜなら1冊だけだと、身にならないことがありうるし、5冊・10冊読むのは大変なわりにはかぶる知識・情報が多くて非効率的になりがちだからです。

　その点、違うタイプのものを3冊なら、読むのにさほど苦労せ

ず、しかもいろんな学びが得られます。

　もしあなたが「お客さんとの交渉が苦手だなぁ」と思ったなら、「ハーバード流交渉術」をテーマにした本を読むのも一つの選択肢です。

　ハーバードロースクールで実際にあった数多くの交渉事例を分析し、成功確率を上げるための理論パターンを研究してまとめた本は、何冊も出ていますから、自分にフィットしたものをチョイスし、これをハウツー的に、つまり書いてあることを実践することを前提に読めばいいのです。

　たとえば「交渉において大事なのは、事前にきちんとしたシナリオを準備すること」とあります。そのシナリオの3つの柱は「ミッション（Mission：実現したいゴール、交渉の目的）」「ゾーパ（Zone of Possible Agreement：交渉可能な領域）」「バトナ（Best Alternative To a Negotiated Agreement：交渉決裂時の最善の代替案）」。まずミッションを明確にし、互いの利益を考慮に入れて相手にとっての利益を幅広く提示します。そのときに「こういうこともプラスできます」とオプションもつけて。そして最後に、交渉が合意に至らずに決裂した場合に備えて、代替案を準備しておく。ここまで準備していれば、余裕をもって交渉に臨めます。結果、うまくいくことが多いので、今日からでも実践できます。

　私もこの種の本を読み、実践していますが、さすがハーバードで磨き抜かれた原則！　けっこう役立つものだと実感しています。

同じようにスキルアップを目標とする場合は、ビジネス書を"ハウツー読み"するのが鉄則でしょう。どんなスキルも「ハウツーを学んで実践する」ことで伸ばすことができます。

参考までに以下、スキルアップに役立つおすすめ図書を5冊ほどあげておきましょう。

【経営者の条件（ドラッカー名著集1／P・F・ドラッカー）**】**

経営者に絶大な人気を誇る経営思想家、ドラッカーの名著です。『マネジメント』のほうが有名ですが、私はこちらの本もおすすめします。経営者だけではなく管理職クラスの人、チームリーダーなどにも実践できるハウツーが満載だからです。

私もたとえば「会議が終わったら、すぐに内容のメモを出席者全員に届ける」「上司は部下に『私は君の時間を無駄に奪っていないか』というふうに聞く必要がある」など、いろんな学びを実践し、仕事に役立てています。

【学習する組織──システム思考で未来を創造する（ピーター・M・センゲ）**】**

「システム・シンキング」という新しい概念を提示・普及させた本。平たく言えば「問題解決に際しては、目の前の部分的な要素を短期的に捉えるのではなく、全体を俯瞰してさまざまな要素をつなげて中長期的に考えることが大事。問題の本質にアプローチできる」というものです。

とりわけチームで進める仕事に役立つ内容が多く、たとえばチームがうまくいっていない場合の原因を突き止めて修正する

方法や、ファシリテーターの必要性と役割など、実践的に学べます。かなり本格的な著作ですが、がんばって読破する価値は大きいと思います。

【ビジョナリーカンパニー2　飛躍の法則（ジム・コリンズ）】

　全部で4シリーズですが、この第2弾はとくに部下を持つ立場になったら読んでおきたい1冊です。

　たとえば第3章に「だれをバスに乗せるのか」というテーマがあります。企業を偉大にする経営者は「最初に方向性を考えて戦略を確定し、適切な人材を集める」かと思いきや、調査でそうではないことがわかった、とあります。「初めに適切な人をバスに乗せ、不適切な人をバスから降ろし、その後にどこに向かうべきかを決める」というのです。つまり目標よりも人を選ぶのが先。チームづくりをするときに役に立ちそうです。ほかにも「人ではなくシステムを管理しましょう」「痛みをともなう大リストラをするリーダーはほぼ例外なく企業を飛躍させられない」など、ためになる内容が豊富です。

【売る力　心をつかむ仕事術（鈴木敏文）】

　セブン－イレブンを日本で設立した鈴木さんには、何冊もの著書があります。どの本も学び多きものですが、これは新書で読みやすいでしょう。セブン－イレブンがどのようにして新しいものを生みだし、ブランディングに成功したかがよくわかります。

　もっとも大事なのは、お客様の立場で考えること。それを実践した延長線上に、お客様の望む新しいものがあるのです。

【発想法】（川喜田二郎）

　この本で提唱されているのは「KJ法」と呼ばれるもの。著者のイニシャルに由来します。ざっくり言うと、思いつくままに発想したことをどんどん付箋のようなものに書いていき、似たようなものを輪ゴムでまとめてグループ分けしていく、という方法です。

　かなり古い本ですが、発表当時は非常に話題になりましたし、いまにも通用する価値があります。

　企画力をアップさせたい人にはとくに必読の1冊です。

　ほかにも名著からロングセラー、ベストセラーまで、ためになるビジネス書は市場にあふれています。しかも新刊本がじゃんじゃん刊行されています。

　興味のある本が見つかったら、"ハウツー読み"をして、必ず実践に生かすように努めましょう。

30

スキルアップ

教養本を読む

　ビジネス書のなかには、ハウツーに主眼を置いているために、著者の精神性が薄くなっているものがあります。

　前項でご紹介した本はそんなことはないのですが、タイトルに「方法」「技術」「トレーニング」「術」「戦略」「レッスン」などの文字が入っている本は、そういう傾向が強いかもしれません。

　もちろん「本から方法論を学び実践する」うえでは、"ハウツーもの"も読んだほうがいい。

　ただ＋αとして、精神性の部分を教養本で補強することをおすすめします。

　つまりビジネス書と教養本の二本立てで、スキルのレベルをより高めていく、ということです。

　前項の「交渉術」を例にとるなら、「ハーバード流交渉術」関連の本や『**実践・交渉のセオリー**』（高杉尚孝）、『**すぐに使える!ビジネス交渉14のスキル**』（葛西伸一）など、おもに交渉のノウハウが学べるものを3冊。

　加えて、『**勝海舟　氷川清話**』（江藤淳・松浦玲編）と『**陸奥宗光**』（岡崎久彦）と、2冊の教養本を読む、といった具合です。

『氷川清話』は幕末体制が瓦解するなか、勝海舟がどのように江戸城無血開城に導いたか、その間に勝が駆使した豪快な交渉手腕が見て取れます。
　晩年、勝が赤坂氷川の自邸で語った時局批判や人物評がまたおもしろい。肉声が伝わってくる迫力があります。
　そんな臨場感あふれる幕末史を興奮しながら学びつつ、彼の交渉術を応用するヒントも得られるのです。
　また『陸奥宗光』は、日本外交の礎を築いた陸奥宗光の生涯を描いた本です。
　陸奥は第二次伊藤内閣の外務大臣となり、懸案の英国との条約改正を成功させたり、日清戦争時に三国干渉をすばやく収拾したりなど、外交の傑物として知られています。
　その見事な外交手腕に、スケールの大きな交渉術を学ぶことができるでしょう。

　また昨今の事例では、パワハラが社会問題化してきたことを背景に、「何を言っても、パワハラになってしまいそう」と戸惑う上司も少なくないでしょう。
　そんな状況で必要なのは「教え上手になるための読書」です。まずはコーチングのスキルとか、上下関係を円滑にするノウハウ、「パワハラとは何か」の解説などをテーマにしたビジネス書を3冊。
　それを補強するための良書として、ヘレン・ケラーの**『わたしの生涯』**をおすすめします。
　この本を読むと、サリバン先生の粘り強い教育に心を打たれ

ます。と同時に、どんな部下に対しても粘り強く、怒らないで教えることの大切さに気づくでしょう。

　いまはもう、怒ること自体がパワハラ。
「お前、何やってるんだ。会社、潰す気か」なんて言おうものなら、部下は精神的に病んでしまいかねません。
「怒ったらおしまい」と自らを戒めるうえで、教育者の本は読む価値があるのです。

　このようにビジネス書と教養本をセットで読むと、表面だけをなぞってスキルを習得・向上する以上に、より骨太なスキルの獲得を実現できると思います。

31 スキルアップ
漫画や小説を仕事に役立てる

　ドラマや漫画、小説などのフィクションは、おもにストーリー展開を楽しむものです。けれども「ビジネス書として読む」ことができる作品も相当数あります。

　もっともわかりやすい例は、漫画の **『島耕作シリーズ』** や **『サラリーマン金太郎』** などでしょうか。ただ主人公がビジネスパーソンのものであれば、どれだってビジネス書として読むことはできそうです。「仕事の役に立つかな」と、少し視点を変えて読んでみるのも一つの方法でしょう。

　実際に私が行っているドラマや漫画の"ビジネス書として読み"をいくつか紹介しましょう。

　一つはアメリカのドラマ『24 ―TWENTY FOUR―』。架空の連邦機関であるCTU（テロ対策ユニット）の捜査官がテロと戦う物語です。1話・1時間、1シーズン24話で1日の出来事を描く"リアルタイムサスペンス"というスタイルが魅力。私が大好きなドラマの一つで、わざわざ本まで買って読んでいます。

　そこまで傾倒するのも、スピード感のある会議に注目したからです。会議をてきぱきと進めて、短時間で意思の疎通をはかる、そのやり方を学ぶための非常に良いテキストになるのです。これはつまり、「『24』を迅速な意思決定のドラマとして見る」と

いう見方です。

　もっとも会議というのは、テキパキ進めればいいというものではありません。場合によっては、時間をかけてじっくり話し合うことも必要でしょう。その時間をかける方法を学べる本があります。それは、『**忘れられた日本人**』（宮本常一）。日本国中を歩き、各地の民間伝承を調査した著者が、辺境に暮らす古老たちの暮らしを描いた作品です。そこに出てくる村の寄り合いの話を読むと、「問題が起きたら、何度も集まって、みんなが納得するまで時間をかけて解決策を導く」ような意思決定の仕方が書かれています。スピード重視の対極にあるゆるやかさにハッとさせられますし、会議のベストな進め方を学ぶヒントにもなります。

　もう一つは、漫画『**ビー・バップ・ハイスクール**』。ふつうに読めば「ヤンキー漫画」ですが、私は"ミーティング漫画"として読んでいます。というのもケンカの場面よりも、ヤンキーたちが体育館の裏などに集まり、いわゆるヤンキー座りをして、あるいは喫茶店でうだうだしながら、ああだ、こうだ話している場面が多いからです。

　振り返れば、あなた自身も高校生のころは友だちと、延々とくだらない話をしていたのでは？　「雑談をしながらゆるやかな時間を過ごすことで仲間意識が醸成される」ことを再認識する思いになり、それが職場の人間関係にも生かせそうです。

リーダーシップ

「人物伝」で「リーダーの資質」をつける

キャリアを積み、やがて優れたリーダーに成長していくには、
どんな資質が必要でしょうか。
高い視点と広い視野から物事を捉え、判断する能力。
人を引っ張り、動かすリーダーシップ。
偏見なく、何でも、誰でも受け入れる大きな度量。
正義を貫く高潔さ。
いろいろありますが、ひとことで言えば「リーダー＝人格者」。
フィクション・ノンフィクションが描くさまざまな人物に触れる、
そういう読書が自分の人格を深めるのに役立ちます。
ポイントは3つです。

①「寛容」を身につける
②覚悟をつくる
③成功者の頭の中身を知る

32 リーダーシップ

「寛容」を身につける

　古今東西、文学には多種多様な人物が登場します。本を通して、多くの個性的な人物と出会い、交流できます。そのこと自体が人間の多様性を受け入れる素地を養ってくれます。

　なかでも引きつけられるのは、どちらかと言うと"悪人"かもしれませんね。"悪人系"が人をだましたり、傷つけたり、愚弄したり、ひどい場合には殺したりする、その行為に至るまでの心理描写や、争いを誘発する複雑な人間関係、傷つけられた側の人たちの心情、悪事が招いた結末などが克明に描かれていて、単純に楽しめます。と同時に、人間理解が深まると思います。

　たとえば『**緋文字**』(ホーソーン)という、1850年に刊行されたアメリカの古い時代の名作。ピューリタンの若い牧師と不倫をした人妻が、周囲から罪を糾弾され、徹底的に仲間はずれにされる、その苦しみ・つらさのなかで一歩一歩、信用を取り戻していく物語です。

　似たような話が、新約聖書にあります。姦淫の現場を押さえられた女が連れてこられ、イエスが人々から「モーセは律法で、こういう女は石で打ち殺すよう命じています。あなたは何と言われますか」と問われた、あの話です。イエスが「あなたたちの中で罪を犯したことのない者が、まずこの女に石を投げつけよ」

と言ったところ、誰も石を投げられなかった、という結末です。

『**罪と罰**』もそう。老婆と妹を殺したラスコーリニコフは誰がどうひいき目に見ても、どうしようもなく悪いヤツ。どこまでも自己中心的で、「自分は優れているから、何をしたっていい」くらいの勢いで、人を殺すのですから、読者としては感情移入は難しい。それでもドストエフスキーは、ラスコーリニコフが罪を意識していく道筋を見せてくれるのです。

　こういう物語を読むと、人の犯した過ちに対して、ちょっと寛容になれるのではないでしょうか。
　もちろん不倫をするのは褒められたことではないし、人を殺すなどもってのほか。でもそんなことをしてしまったいきさつや気持ちを理解しようという気持ちになるのです。
　それにより「相手の立場に立って、物事を考える。相手の心情を推し量る」やさしさが養われます。
　もちろん絶対的な悪事に対して声をあげるのはいい。ただ白黒が微妙な事件や、自分がその立場ならもしかしたら同じことをやったかもしれないと思えることまで、その人がもう立ち直れないまでに徹底的に叩くのはいかがなものでしょうか。
　文学を読んでいれば、少なくとも先入観で善悪を即断する愚を犯すことはない。文学の良さは、人の過ちに対して寛容になれるところにある。私はそう思います。

33

リーダーシップ

覚悟をつくる

　リーダーは「腹がすわった人物」でないといけません。事あるごとに動揺したり、決断力が弱く迷ってばかりだったり、考えが浅く地に足のついた行動ができなかったり、ちょっとうまくいかないと事を投げ出したりするようでは、部下はついてこないし、組織を迷走させるだけなのです。

　そうならないためには、本を読んで「腹が据わった人物とはどういう考え方・行動をするのか」を学ぶ必要があるでしょう。

　そのためにおすすめしたい1冊が、吉田松陰の『留魂録』。処刑の日を目前にした松陰が、松下村塾の門弟たちに書いた遺書です。「欧米の脅威から日本の独立を守り、一方で欧米のいいところを学び取って日本の近代化を推し進めていく」という松陰の高い志は、生涯、寸分の狂いもありませんでした。

　なにしろ松陰は、牢につながれても、死罪を言い渡される瀬戸際に立っても、志を曲げない。死を恐れもしない。それどころか、松陰のいる場所は獄中でもどこでも塾にしてしまうくらい、人々を教育するのに熱心だったし、同士たちに向けて膨大な量の記録や手紙を発信しました。

　だからこそ松陰が魂を込めた遺書を読んだ門弟たちは発憤し、日本を倒幕・明治維新へと動かす力を発揮したのです。

身はたとひ武蔵の野辺に朽(く)ぬとも留置(とどめおか)まし大和魂

『留魂録』の冒頭にあるこの辞世の歌を読んだだけで、死を賭した強い覚悟に圧倒される思い。松陰が現実と戦いながら、肚(はら)から吐き出した言葉が、私たちの肚に届く感じがします。時代を超えて、いまなお生きている言葉なので、読む側の肚も座るというものです。

『留魂録』だけではなく、松陰の遺した手紙や語録など、さまざまな本が出ています。気弱になりそうなときや、何が何でもやり遂げたいことがあるとき、部員を一つにまとめたいときなど、折に触れて松陰の著作を読むといいでしょう。背筋がピンと伸び、志高く不退転の決意で事に臨む元気がわいてきます。

　次のおすすめ図書は『**ツァラトゥストラ**』(ニーチェ)。とりわけ覚悟を決めるのに役立つのは、「第三部　幻影と謎」でしょう。

　噛み砕いて言えば、ここでニーチェは「イヤなこと、苦しいこと、つらいことは繰り返されるもの。それは不可抗力なのだから、『しょうがない。どんとこい』と覚悟を決めて、現在の一瞬に命を燃やしなさい」と解いています。その覚悟が端的に表われているのが、以下のくだりです。

それにしても、勇気は最善の殺害者である、攻撃する勇気は。それは死をも打ち殺す。つまり勇気はこう言うのだ。

「これが生だったのか。よし。もう一度」と。

　人はふつう、イヤな思いをしたくありません。苦しく、つらい目

に遭うのも、ご免被りたい。でもいくら逃げたところで、何かしらの不幸・不運に見舞われるものです。

　だったら、これからも繰り返されるであろう不幸・不運を迎え撃つべく、肚を据えるまでのこと。このくだりをならって、不幸・不運のまっただ中にあるときこそ、「よし、もう一度」と叫ぶのもよいかと思います。

　松陰のように死の覚悟を持ち、またニーチェのように現在の一瞬に生きることを潔しとする生き方は、幸若舞の謡の一節『**敦盛**』にも表現されています。

　これは、織田信長が好んで舞ったと伝えられています。小説やドラマなどではよく、織田信長が本能寺で暗殺される直前にこれを舞う場面が描かれていますよね。なかでも、

人間五十年化天（げてん）の内をくらぶれば、夢幻のごとくなり。

一度生を受け滅せぬ者の有るべきか。

と謡うシーンはかっこいい！　寺に火が燃え広がるなかで、うろたえることなく、悠々と舞う信長は、腹が据わったリーダーの権化とも言うべきものでしょう。

「人間の人生はしょせん50年。化天（地上から数えて5番目の天。楽しみごとが多いとされる）に生まれた者は人間の800歳を1日として8千歳の長寿を保つのに比べたら、夢幻のごとく短く、はかないものだ」

　というふうに言っていて、その時間感覚にもハッとさせられます。あなたもこのくだりだけでもちょっと暗誦してみてください。肚が座ってくると思います。

もう1冊のおすすめは、『**武士道**』（新渡戸稲造）です。この本は、外国人から「日本人には宗教がないのか」と不思議がられた新渡戸が、「そうだろうか」とあらためて考え、「いや、武士道という倫理観がある」と気づいたことから筆を起こしたもの。外国人に日本を知ってもらおうと、英語で書かれています。
「武士道」と聞くと、ちょっと遠い感じがするかもしれませんが、そうでもないですよ。「義」、つまり正しさを重んじることを軸とする武士道は、いまの私たちにも多かれ少なかれ受け継がれています。
　とくにリーダーには「武士魂」のような資質が求められると思うので、読んでおくといいでしょう。
「義は武士の掟中最も厳格なる教訓である。武士にとって卑劣なる行動、曲りたる振舞いほど忌むべきものはない」
「剛毅、不撓不屈、大胆、自若、勇気等のごとき心性は、少年の心に最も容易に訴えられ、かつ実行と模範とによって訓練されうるものであって、少年の間に幼児から励みとせられたる、いわば最も人気ある徳であった」
「仁は柔和なる徳であって、母のごとくである」
　などなど、リーダーが手本にしたい資質が記載されており、あなたがリーダーの理想形を追求するうえでとても役立つでしょう。
「肚の座った人物」たるリーダーもまた、読書で養成されるのです。

34 リーダーシップ
成功者の頭の中身を知る

　ビジネスを通して、世のため人のために力を尽くした、「成功者」と呼ばれる立派な人物は、どんな考え方を持ち、何を発想し、どう行動して、すばらしい成果をあげたのか。あなたをはじめビジネスマンなら誰しも知りたいところでしょう。

　それを教えてくれるのが、自伝や評伝、そして優れた経営者が書いた本です。

　「あの人のようになりたい」と思うあこがれの人物や、「すごい人らしい」と評判の人物などの本を読めば、必ずや何らかの収穫が得られるはず。成功者の「頭の中身」を知ることができます。以下、「おすすめ図書」をあげておきましょう。

【**福翁自伝**（福澤諭吉）】

　福澤諭吉の生き方はそのまま、いまの人にとってのいいモデルになります。「古い時代の偉人」というより、「新しい時代を切り拓く新しい人間」という形容がピッタリくるからです。

　福澤は名前を知らない人がないくらい有名だし、慶應義塾の創設者としても知られています。けれども生涯を賭したその活動は「教育者」という括りにはおさまりません。大学や銀行、新聞社など、現代に継承されている多くのビジネスモデルを指南した"マルチ経済人"でもあるのです。学べることはあり過ぎる

くらいです。

　また曲がったことは大嫌いだけれど"カタブツ"ではなく、日々上機嫌に、明るく、飄々と生きる福澤の様子が、軽妙な語り口から伝わってきて、非常におもしろい読み物になっています。「福翁自伝を読まずして人生を生きるのは大変にもったいない」と思います。

【カーネギー自伝（アンドリュー・カーネギー）】

　カーネギーは「鉄鋼王」とも呼ばれた人物。自伝を読むと、貧しい織物職人の家に生まれた彼が、鉄鋼ビジネスで成功するに至ったプロセスと、それを実現できた理由がよくわかります。

　たとえば職場で誰かが休んだら、彼はその人に取って代わって、必ず結果を出します。プロスポーツでも「レギュラー選手がケガで休んでいる間に、"穴埋め人事"的にそのポジションを任された控えの選手が結果を出してレギュラーの座を取った」なんて話はよくあります。いわば代理力。「いつでも自分が交代要員になれる」だけの準備をしているからこそ可能なことです。

　目の前の仕事だけに追われることなく、広い視野で職場全体を見渡しながら、何かあったら迅速に対応する。絶えずそういった努力をすることで道は開けることが学べます。

　またカーネギーは慈善活動家としても有名です。カーネギー・ホールやカーネギー・メロン大学などを設立したほか、世界中に図書館を建設しています。**「金持ちのまま死ぬのは恥である」**という名言もあり、子どもに遺産を残す考えは希薄だったようです。すばらしい生き方ではありませんか。見習いたいところ

です。

【エジソン　20世紀を発明した男 (ニール・ボールドウィン)】

　エジソンの伝記は「子どものころに読んだ」という方が大半かもしれません。幼少年期の読書の定番のようになっていて、現在は子ども向けの本がほとんどです。

　それはいいのですが、卓越した発想力を持つ発明家であり、数々の事業を起こした経営者でもあるエジソンは、ビジネスパーソンこそ学ぶべきところの多い人物です。この本のようなしっかりした伝記も読んでおくといいでしょう。

　たとえば同時並行的に複数の発明をする秘訣とか、勉強の仕方、マーケティングの方法などが具体的に示されています。また「本のページを映像化して脳に焼き付けていく方法で、ブリタニカ百科事典を丸暗記した」なんて、エピソードもおもしろい。ちょっと真似できませんが、なるほど天才とはこういう人だと再認識します。

　この本は新刊で購入するのが難しくなっていますが、読む価値は大。中古品マーケットで探すか、図書館で借りるかしてください。

【不格好経営　チームDeNAの挑戦 (南場智子)】

　DeNAの創業者、南場智子さんはもともとマッキンゼーでコンサルタントをしていました。経営については高度にして豊富な知識を有していたわけです。

　ところがDeNAを立ち上げて、現実に経営に取り組んだとこ

ろ、当初はまったくうまくいかなかったといいます。MBA仕込みの知識がほとんど役立たなかったんですね。

　南場さんはそこから手探りで、「不格好に」会社を動かし、DeNAという巨大企業を育て上げたのです。この間、彼女はどんな試行錯誤を重ねたのか。経営の現場にいるような、生の学びがあります。

【俺の考え】（本田宗一郎）

　世に「成功者」と呼ばれる大物経営者の本を読むと、その柔軟な発想力や視野の高さ・広さ、的確な判断力、迅速な行動力など、並みはずれた経営能力に魅せられます。本から気迫が伝わってきて、とても刺激的だし、元気になります。

　とりわけ戦後の高度経済成長期時代の経営者たちは、スケールが大きくて、会社を育てることへの情熱も半端なく強くて、小説を読んでいるようなおもしろさがあります。本田技研工業の創業者、本田宗一郎のこの本もそう。たとえば**「研究所は博士製造所ではない」「高賃金こそ国を富ます」**など、現代のビジネスにも通じる金言がたくさん散りばめられています。

　大物経営者の本としてはこのほか、**『日本電産　永守イズムの挑戦』**（日本経済新聞社編）、**『松下幸之助成功の金言365』**（松下幸之助）、**『稲盛和夫のガキの自叙伝──私の履歴書』**（稲盛和夫）、**『志高く　孫正義正伝新版』**（井上篤夫）、**『フェイスブック　若き天才の野望　（5億人をつなぐソーシャルネットワークはこう生まれた）』**（デビッド・カークパトリック）など多数あります。

揺るぎない精神

「古典」を読んで「本質」を見極める

古典は何百年、何千年の歴史を生き抜いてきたものです。
それでいて決して「古くさい」なんてことはありません。
それどころか、現代にも応用できる知恵や、
生き方のヒントがたくさん詰まっています。
逆に言えば、時代を超えて変わらない真理に貫かれているからこそ、古典として生き残ったわけです。
現代に生きる自分に引きつけて古典を読みましょう。
そうして古典に馴染むことが教養を深め、
物事の本質を見極める能力を養うことにつながるからです。
古典の読書からはおもに3つの恩恵が得られます。

① 「不変の真理」に触れる
② あらゆる悩みを解決する
③ 言葉を「心の杖」にする

35 揺るぎない精神
「不変の真理」に触れる

　古典は多弁ではないけれど、雄弁です。本質からはずれる枝葉末節の余計なことは気持ち良く飛ばして、本当に大事なことを端的に、巧みに、力強く語りかけてくるのです。

　しかも言葉・文章の一つひとつが、時代の価値観に左右されることのない「不変の真理」です。

　その古典の「不変の真理」に触れると、必ずやあなたのなかに揺るぎない精神をつくることができるはずです。

　ただ古典は、漢字やかなづかい、言葉、いい回しなどが古いために、ちょっと遠いものに感じるかもしれません。外国の古典にしても、歴史的背景がわかりづらいこともあるでしょう。

　そういう場合には、原典と、それをわかりやすく解説した本をいっしょに読むことをおすすめします。あるいは原典と解説が一体化している本を選ぶのもいいでしょう。

　たとえば岩波文庫には、世界中の古典が揃っています。片っ端から読んでいくと、古今東西の教養がほとんどすべて身につくと同時に、古典の持つ「不変の真理」に触れることで物事の本質を捉える力を養うこともできます。

　ほかに角川ソフィア文庫や講談社学術文庫など、文庫に収められた古典も豊富なので、自分の気に入るタイプの本を見つけ

てください。以下に5冊ほど、私がおすすめする古典と、学びのポイントを紹介します。古典を読む際の参考にしてください。

【君主論（マキアヴェリ）】

マキアヴェリはフィレンツェ生まれの官僚。危機的状況にあった15世紀末のイタリアに登場しました。本書は彼がメディチ家当主に謁見するときに手土産がわりに献上したものです。ちょっとした君主気分になって読めるところがいいですよね。

マキアヴェリの言うことは現実的で、きれいごとは一切なし。たとえば第十七章「冷酷さと憐れみぶかさ。恐れられるのと愛されるのと、さてどちらがよいか」に、こんな言葉があります。

「そもそも人間は、恩知らずで、むら気で、猫かぶりの偽善者で、身の危険をふりはらおうとし、欲得には目がない」

うーむ、言い得て妙。**「愛されるより恐れられるほうが、はるかに安全である」**という言い分も納得できます。そもそも「愛されたい」と思うから、自分が望むほどには愛されず、寂しさや苛立ち、不満など、いろんなマイナスの感情が生じる、という部分があります。

とにかくこの本は現代に応用できる言葉の嵐。一例をあげると…

「武装した預言者はみな勝利をおさめ、備えのない予言者は滅びた」

「人が現実に生きているのと、人間いかに生きるべきかというのは、はなはだかけ離れている」

「加害行為は一気にやってしまわなければいけない。そうするこ

とで、人にそれほど苦渋をなめさせなければ、それだけ人の憾みを買わずにすむ。これに引きかえ、恩恵は、よりよく人に味わってもらうように、小出しにやらなくてはいけない」

　少々皮肉なものいいに、知的なおもしろみが感じられます。

【花伝書／花鏡（世阿弥）】

　日本人なら能の良さを知っておきたいもの。教養を身につけるうえで必読書と言ってもいいでしょう。しかも本書には、人生に役立つ教えがいっぱい。人生の本質が能の世界に凝縮されています。たとえば『花鏡』に「離見の見」という有名な言葉があります。

「わが眼の見る所は、我見也。離見の見にはあらず。離見の見にてみるところは、則、見所同心の見なり」

　とあって、「観客席のような離れたところから自分を見る、そういう目を自分のなかに持ちなさい」としています。私もこれを教師の立場に置き換え、教壇にいる自分はどう見えるのかを意識して講義をしたり、ときどき生徒の席に座って自分の板書した字を見て「小さ過ぎるな。曲がってるな」などと反省したりしています。ビジネスでも、交渉相手から見える自分とか、部下から見える自分、他社から見える自社といったことを意識するのは大切ですよね。「離見の見」によって、ふだんは見えないことに気づかされるのです。

　また『花伝書』では、**「上手はへたの手本、へたは上手のてほんなりとくふうすべし」「初心を忘るべからず」「秘すれば花、秘せねば花なるべからず」**などが有名。仕事に生かせる名言も

豊富です。

【徒然草】（兼好法師）
「つれづれなるままに、日くらし、硯（すずり）にむかひて、心に移りゆくよしなし事を、そこはかとなく書きつくれば、あやしうこそものぐるほしけれ」 の冒頭の文章はあまりにも有名。兼好法師は「自分でもばかばかしくなるくらい、いろんなことを思いついてしまう」と前置きして、「世の中ってこういうもんだよ」ということを教えてくれます。とくにビジネスパーソンにとってためになるのは、兼好法師がいろんな道の名人から聞き出し、学んだ話でしょう。

　たとえば第百十段に登場する双六上手からは、「勝とうとして打ってはいけない。負けないように打つべきだ」と学びました。また木登り名人からは「高いところは自分で用心するが、低いところは油断するから危ない」（百九段）、うまい細工師からは「ちょっと鈍い刀を使う」（二百二十九段）などのことを学んでいます。いずれも現代の仕事にも生かせる知恵が得られるもの。世の中のからくりや腕が上達することの本質が見えてくるでしょう。

【養生訓】（貝原益軒）
　世をあげての健康ブームが続いていますが、健康に関する「不変の真理」は約300年前に書かれたこの1冊に詰まっています。
　「静かにして元気を保ち、動いて元気をめぐらせる。この二つがないと気を養うのは難しい。時に応じて動と静をうまく取り入

れなさい」「怒れば気が上がる。喜べば気がゆるむ。悲しめば気が消える。恐れれば気がめぐらない。寒ければ気がこもる。暑ければ気がもれる。驚けば気が乱れる。苦労すれば気が減る。思うことが多いと気がかたまる」など、いちいちうなずくことばかり。健康法の原点に戻る気持ちで一読するのもよいでしょう。

【臨済録】（入矢義高訳注）

　臨済の言行を弟子慧然が記したもの。岩波文庫・入矢さんの訳がすばらしい！　臨済がこの世に生き生きとよみがえるかのようです。

　たとえば自らの外に仏を求める修行者に向かって「祖仏は今わしの面前で説法を聴いているお前こそがそれだ」と説くのですが、そのスパッとした物言いに感動します。また「両手を打つと音がする。片手ならどんな音？」みたいな質問を投げかけられた弟子が、モタモタしていると叱られるような場面もあります。臨済が心のなかにいれば、何事もテキパキやることができそう。やりたいことを前に躊躇してしまう自分の心の後ろ盾になってもらえます。

　紙幅の都合上、わずかしか紹介できませんが、大事なのは古典を現代に、いまの自分に引きつけて読むこと。読むにつれて古典に馴染み、理解が深まっていくと思います。

36 揺るぎない精神

あらゆる悩みを解決する

　ストレス耐性が高い人、言い換えれば悩みの少ない人は、よく本を読むような気がします。理由は二つ。
　一つは、本にはいろんな悩みが取り上げられていること。もう一つは、あらゆる悩みを解決するヒントが得られることです。何か困った問題が生じても、「生きていれば、悩みはあって当たり前」と気楽に構えられるし、「解決できない悩みはない」と思える。だから悶々と悩み苦しむことが少ないのでしょう。

　思えば、人間の悩みというのはもう、ほぼすべて出尽くしています。古典を読むほどに、何百年、何千年前から、人は根本的には同じようなことに悩んでいると感じるのです。
　真偽はさておき、「年長者はエジプト時代の昔から、『近ごろの若い者は……』というグチをこぼしていた」とよく言われるように、人間の営みは時代の変化ほどには激しく変わらないのでしょう。
　であるならば、あなたが抱える悩みにはすべて、過去に何らかの解決法が提示されていても、何ら不思議ではありません。実際、「すべての悩みの答えは古典にある」と言っても過言ではありません。言い換えれば、「古典は悩める心に効く薬」になりうるのです。

では、どういう古典がいいのか。最大のポイントは、「これ以上ないくらいの不幸や苦しみ、悲しみ、憎しみなどが描かれた作品」を選ぶことです。「自分の悩みなんて、ちっぽけだよね」と思うことで、心が慰められます。

たとえばギリシア悲劇『**オイディプス王**』（ソポクレス）。筋は少々ややこしいのですが、ざっと紹介しておきましょう。

テーバイという国に生まれたオイディプスは、「この子は父親を殺し、母親とまじわるだろう」という不吉な神託を受けました。それで父王に捨てられ、隣国のコリントス王夫妻に拾われます。

オイディプスは立派に成長し、再び生まれたときと同じ神託を受けます。自分の父はコリントス王だと思い込んでいるオイディプスは、父を殺すようなことになってはいけないと国を離れます。

その道中、テーバイ王と出会い、行き違いから争いになりました。それで彼はテーバイ王が実の父とも知らずに殺してしまいました。さらにオイディプスは、テーバイに現われた怪物スフィンクスを倒し、新しい王として迎え入れられます。そして未亡人となっていた王妃と、実の母とは知らずに結婚。子をもうけました。つまり、神託通りのことが起こったのです。

もっともオイディプスは、何も知りません。さらに「テーバイの前王を殺した者を見つけ出し、追放せよ」との神託を受け、必死に"犯人捜し"に乗り出すハメに陥りました。やがて真実を知る予言者から「前王の殺害者はあなた自身だ」と知らされました。絶望したオイディプスは、自らの両目を突いたのでした。

これはギリシア神話をもとに、ソポクレスが書いた戯曲です。ここまでの悲劇はなかなかあるものではありませんが、それだけに強く胸を打ちます。オイディプスが自分の悩みをも背負ってくれたようで、心のしこりが涙とともに浄化されるように感じるのです。

　運命を呪いたくなるような不幸に見舞われたとしても、「オイディプスを思えば……」と、多少は心が軽くなるのではないでしょうか。

　この物語にはまた、「知らなくてもいいことは知らないほうがいい」というメッセージも込められているように思います。オイディプスだって、自分の出自を知らないままだったら、ご機嫌な人生が送れたかもしれません。真実を知ってしまったがゆえの絶望。世の中には知らないほうがいいことも少なくないと覚えておきましょう。

　ちなみに、フロイトのエディプス（オイディプス）コンプレックスは、この物語がもとになっています。

　もう一つのポイントは、「いまの状況もそう悪くはないよ」と言ってくれる古典を選ぶことです。

　その典型が『**老子**』『**荘子**』でしょう。老荘思想は、『論語』に代表される儒教思想と並んで、中国古典思想の一大潮流を成します。ひと言で言えば、「世俗的な常識や価値観から自由になって、あるがまま無為自然に生きる。それが満ち足りた人生だ」としています。

　人間を「宇宙も含めた自然の一部」と捉えているところが、

スケールが大きくて気持ちいい。大自然を目の前にすると、自分がいかにちっぽけな人間であるかに気づき、ちまちまと悩んでいること自体がばかばかしくなりますよね？　そういう感じになれます。

　たとえば仕事をしていると、自分の能力が低いのではないかと悩むこともあるでしょう。そんなときの気持ちの落ち込みを救ってくれるのが、**「曲なれば則ち全し」**という考え方。「まっすぐな木は良質な素材とされてすぐに伐られてしまいますが、曲がった木は役立たずだから命を全うできる」ことを意味します。私たち人間も、下手に能力などないほうが生きやすい、感謝するべきだよ、というわけです。ちょっとほっとするのではないでしょうか。

　老荘思想は基本、才能のある・なしや、自分が役に立つ人間かどうかは気にしません。**「足るを知る者は富む」**で、いま現在の満足を知ることを本当の豊かさとしています。言い換えれば「自分にはないものを数えて落ち込まず、あるものに目を向けてありがたいと思う」ということです。

　また『荘子』は、読み物としてもおもしろいものです。夢が現実なのか、現実が夢なのかがわからなくなる「夢に胡蝶を見る」や、カマキリが自分の力量をわきまえず大きな車に立ち向かう「螳螂の斧」、牛をさばく達人のワザを描く「包丁」などなど。

　悩みを抱えているときには、世の中を達観するような気持ちになるのもいい。老荘思想に触れると、気持ちのザワザワがスーッと消えていくと思います。

37 揺るぎない精神
言葉を「心の杖」にする

　古典は名言の宝庫です。「いい言葉だなぁ」と思ったものをいくつか……というよりたくさん覚えていればいるほど、それらは「心の杖」になります。人生で困ったことが起きたときに、簡単に心が折れてしまうことなく、前に向かって歩いていけるのです。しかも教養としての深みも増します。

　ですからあなたは古典を読むとき、「名言のつまみ食い」をする感覚を取り入れるとよいでしょう。

「全部読まなくては」と思うと、なかなか古典に手が伸びないかもしれませんが、"つまみ食い"と思えば気楽にページをめくれます。

　名言の取りやすさ、数の多さ、理解のしやすさと3拍子揃っているのは、やはり『論語』が筆頭でしょう。

　たとえば孔子が「人格の完成」のためにもっとも重要だとしている言葉に、**「己れの欲せざる所、人に施すこと勿かれ」**があります。「自分がして欲しくないことは、人にもしてはいけない」という意味です。これが言うは易く、行うは難し。孔子も、「心がけます」と軽く受けた弟子に、「お前にはなかなかできることじゃないよ」と厳しく言っています。自分勝手な言動の戒めとしたい言葉です。

また私が指針としている言葉の一つは、「**一以てこれを貫く**」。孔子は自分を「物知りなんかではなく、一つのことを貫いてきたんだ」と分析している言葉です。「自分のなかに確固たる信念がある」と思えばこそ、心は落ち着くもの。迷ったときにつぶやきたいですね。

　ほかにも、自分を見失ってしまいそうなときに「**知者は惑わず。仁者は憂えず。勇者は懼れず**」、人間関係で悩んだときに「**三人行けば、必ず我が師有り**」、難しい局面にあって挫けてしまいそうなときに「**今汝は画れり**」などなど、へこたれそうな心を立て直すのに役立つ言葉がたくさんあります。

　ちなみに『論語』は道徳的な色合いが濃いせいか、営利を追求するビジネスとは対極にありそうですが、実はそうでもありません。明治の実業家・渋沢栄一の書いた『**論語と算盤**』を読むと、ビジネスへの応用範囲がぐっと広がります。ビジネス書として『論語』を読む、というのも一つの楽しみ方でしょう。

　また西洋の古典から名言をピックアップするなら、『**福音書（新約聖書）**』をおいてありません。「**悪人に手向かってはならない。だれかがあなたの右の頬を打ったら、左をも向けよ**」「**求めよ、きっと与えられる**」「**狭い門から入りなさい**」「**口に入るものは人をけがさない。口から出るもの、これが人をけがす**」など、山ほどあります。

　このほか中国古典では『**老子**』『**孫子**』『**孟子**』『**荘子**』『**菜根譚**』、日本の古典では『**枕草子**』『**言志四録**』、西洋の古典では『**ゲーテとの対話**』やアランの『**幸福論**』等々。ど

んな古典でも「名言のつまみ食い」的な読み方はできます。

　また原典を読破するのがしんどいようなら、名言を集めて解説した本もたくさん出ていますので、そこを入り口にしてもよいでしょう。

　いずれにせよ名言は、弱気になったり、ズルをしたくなったり、落ち込んだり、ヤケになったり、苦しかったりするときに、前屈みになった背筋をピシャッと叩き、勢いよく前に押してくれるもの。あなたの"心の姿勢"を正す杖になってくれます。大いに古典を読み、自分オリジナルの"名言処方箋"をつくりましょう。

弱ったときに心の杖になる

想像力 & 創造力

「小説」を読んで、「イマジネーション力」を鍛える

読書を仕事のために役立てようと考えると、
小説を中心とする「娯楽のための読書」が少なくなりがち。
けれども、こちらもバランスよく取り入れたほうがいい。
なぜなら文章からその場面の情景を思い描く「想像力」と、
発想刺激により喚起される「創造力」が鍛えられるからです。
楽しみながら学ぶ、そのコツは二つあります。

① 場面を想像しながら読む
②　人の作家の作品をまとめて読む

38 場面を想像しながら読む

想像力 & 創造力

　ビジネス書や実用書と違って、小説などは時間をかけてゆっくり味わうのが定石でしょう。

　でないと、作品の魅力を味わい尽くすことができません。速く読んでしまうのは、非常にもったいないことなのです。

　読み方としていいのは、文章に描かれた場面を頭のなかでイメージすることです。文字を映像に置き換える感じで。

　小説にはたいてい、登場人物の風貌や性格、生い立ち、生活習慣などが仔細に描写されています。言葉のやり取りを通して、気持ちが語調や表情の変化に現われる様も手に取るようにわかります。

　また物語が展開する場所の情景描写もていねいです。景色を忠実に写して表現したり、心象風景を含めた描写になっていたり、"土地の記憶"まで言及されていたりで、読んでいる人はあたかも"空間移動"したように錯覚するほどです。

　そこがあなたの行ったことのある場所なら、自分の思い出と重ねてイメージする楽しみがあります。逆に知らない場所なら、想像力を膨らませながら「行ってみたいな」と思ったり、写真集やDVDを見てイメージを補強したりする楽しみもあります。

さらにおもしろいのは、小説には、考え方も価値観も異なる人たちが織りなす人間模様が、二つと同じものはないくらい多彩に描かれていることです。
　信頼、愛情、怒り、妬み、悲しみ、苦しみ、喜び……さまざまな感情が複雑に絡み合う展開を疑似体験することによって、人間のことがより深く理解できるようになります。

　ときには、俳優さんが台本を読むように、感情を込めて音読してみてください。臨場感がいっそう高まり、あなたはより深く作品の世界に没入できると思います。

いますぐやってみよう！

　あなたが最近読んでおもしろかった小説を宣伝する素材を作成してください。ポスターのようなチラシにしてもいいですし、映画の予告編のようなムービーにしてもかまいません。
　登場人物や風景、BGMなどの"素材"は、自分のイメージに合うものをネットから見つけてくるか、オリジナルの写真や映像、音楽を自分で創作するか。後者のほうが「想像力」だけではなく「創造力」のトレーニングにもなるでしょう。
　クリエーター気分でどーぞ！

39 一人の作家の作品をまとめて読む

想像力 & 創造力

　想像力を働かせながら本を読むということは、書き手の著者と読み手の自分が共同作業で一つの世界を創り上げることを意味します。言い換えれば、本は著者の作品だけれど、そこに読者の解釈が入ることによって、読者の作品にもなりうる。読書というのは、そのくらいクリエイティブな行為だということです。

　そう思うと、あなたもちょっとドキドキするのではないでしょうか。それこそが読書で得られる興奮であり、喜びなのです。

　そんなふうに深く作品を味わうためには、同じ作家の本を何冊か集中して読むのも一つの方法です。

　たまたま手に取った本でも、人にすすめられて読んだ本でも、必要性があって読んだ本でも、何でもかまいません。とにかくあなたが読んでみて「おもしろかったな」と思う本に出合ったら、その作家の作品をダダダッと5、6冊、集中して読むのです。

　作家の世界観というのは、テーマが違っても、そう変わるものではありません。そもそも作家は、自分の持つ世界観を表現するために、さまざまなテーマやストーリーなどを設定して物語を紡いでいる、という見方もできます。

　ですから、同じ作家の作品を読めば読むほど、その世界観への理解が深まり、より味わい深く楽しめるようにもなるのです。

もう一つ、作家ではなくテーマに注目して"集中読み"するのもおもしろいと思います。

　たとえば戦国時代の武将とか、歴史上の事件、社会問題、主人公の属性など、同じようなことをテーマにした作品を4、5冊、まとめて読むのです。

　同じ人物・事象でも、作家によって描き方はまったく違います。その違い自体がおもしろく、テーマに関する理解の幅が広がるでしょう。一つの問題をさまざまな視点から考えるトレーニングにもなります。と同時に、それが豊かな発想力、創造力の育成につながると思います。

いますぐやってみよう！

　たとえば「太宰治ウイーク」とか「三島由紀夫ウイーク」「村上春樹ウイーク」「ゲーテ月間」、「ヘミングウェイ月間」などと銘打って、同じ作家の作品を最低3冊、立て続けに読みましょう。

　そしてあなたが感じ取った、その作家の世界観について、600字以内の文章にまとめましょう。

プレゼン・スキル

「図解本」「数学本」でプレゼン・スキルをつける

社内外を問わず、職種を問わず、
プレゼン能力はビジネスのあらゆる場面で求められます。
約20年前のパワーポイントというプレゼンソフトの登場以来、
グラフやイラスト、写真、動画などをふんだんに取り入れた資料を、個人がPCで作成するのは当たり前。
それを大画面に映し出しながらしゃべることが、
もはやプレゼンテーションの主流になっています。
2種類の読書で、プレゼン・スキルに磨きをかけましょう。

①図解本を読む
②数学的思考をつける

40

プレゼン・スキル

図解本を読む

　プレゼン資料のつくり方は、そのために必要な技術を解説した本を読めばわかります。

　それ以前の問題として、そもそも文章とグラフや図をどういうふうに編集すればわかりやすいかを感覚的につかむために、よくできた「図解本」を何冊か読むことをおすすめします。

　たとえば経済学者トマ・ピケティが書いた世界的ベストセラー**『21世紀の資本』**は、グラフや統計の数値を使って、所得格差が増大する問題を解き明かしています。

　なにしろ600ページ以上の大作で、専門用語も多いので読むのが大変な部分もありますが、「効果的な図解のやり方」を真似るうえで役に立つのではないかと思います。

　もちろんもっと簡単な本がたくさん出ています。たとえば「人口問題は今後どうなる」とか「景気予測」「投資戦略」「医療関連」などの分野では、グラフや統計数値をふんだんに用いて解説した本が豊富にあります。

　いずれも専門的な知識を理解してもらうために、あるいは自分の論理の説得力を増すために、非常にうまく図解を使っていますので、いい参考書になるはずです。

本屋さんでパラパラとページをめくり、「グラフや表がたくさん入っている本を買う」というチョイスでOKです。

　グラフや統計に慣れるには、『**統計学が最強の学問であるデータ社会を生き抜くための武器と教養**』（西内啓）のような本を読むのも一つの方法です。

　ほかに、体系的に知っておきたい学問分野を短時間で理解するときに役立つのも「図解シリーズ」。たとえば『**面白いほどよくわかる! 心理学の本**』（渋谷昌三）は、とてもよくできた入門書です。

　ビジネスパーソンなら、上司や部下との関係を良好にするためにも、取引先とうまくつき合っていくためにも、心理学の基本は押さえておきたいところ。図解の手法を学びながら、心理学の基本から、人づき合いの心理学、フロイトやユングやアドラー等のおもな心理学者の理論、脳と心の関係、心理療法あれこれなど、心理学全般に理解を深めることができます。「1冊で二度おいしい」良書ですね。

いますぐやってみよう!

　あなたは1週間の休みがあったら、何をしますか？　その企画の背景にある事柄や目的、具体的な運用方法などを明確にし、文章と図（グラフ、表、統計数値等）をセットにした「企画書」を作成してください。

41

プレゼン・スキル

数学的思考をつける

　プレゼンに際しては、自分の言いたい複雑な事柄を単純化して図に示したり、説得力を持たせるためにグラフを使ったりしなくてはなりません。

　そのときに必要なのが数学的素養です。文化系の人にとって数学は、少々苦手意識が先に立つかもしれませんが、楽しく学べる本がたくさんあります。

　数学的思考は、自分の考えを論理的に組み立てていくうえで、非常に重要なものです。

　もしかしたらあなたは「論理は言葉で、数学は数字や数式を使うのだから、まったくの別物」だと思うかもしれませんが、とんでもない。

「論理を数式という普遍的な言語で表わすのが数学。論理を音声または文字という、地域や文化によって異なる言語で表わすのが国語」

　というのが正しい。

　つまり表現の仕方が違うだけで、国語も数学も本質的には論理的思考力のベースになるものなのです。

　それはさておき、数学的素養を身につけるのに役立つ本を3

冊ほど紹介しましょう。

1冊目は『**数学は世界を解明できるか――カオスと予定調和**』（丹羽敏雄）。数学がいまの世の中でどのように役立っているのかを、わかりやすく論じています。

2冊目は『**世にも美しい数学入門**』（藤原正彦・小川洋子）。数学者の藤原正彦と作家の小川洋子の対談本です。数学が苦手な人でも、ムリなくすんなりと数字の世界に入っていけます。合わせて小川洋子の小説『**博士の愛した数式**』を読むといいでしょう。

3冊目は『**素数の音楽**』（マーカス・デュ・ソートイ）。2、3、5、7、11、13……素数は、その数自身のほかに約数を持たない正の整数。無限に存在すると言われています。「数の原子」とも呼ばれる素数に取りつかれた数学者たちが、どんな挑戦を繰り広げてきたのかを、ソートイが描き出します。

こういった本で数学を学ぶことを通して、プレゼンに必要な論理的思考力に磨きをかけてください。

PART IV

本を読んで心を強くしな整える

やかに

モチベーション・アップ

「英雄伝」を読んで"自分のやる気"に火をつける

仕事をするうえで「やる気が出ない」というのは致命傷です。
あなたも経験的に知っていますよね、
やる気のないときにいい仕事ができた試しはないことを。
問題は、やる気を出すのは意外と難しいことですが、
これが意外と簡単。
モチベーションを高めてくれる本を読めばいいのです。
とりわけ効果的なのが「英雄伝」。
あなたの心に英雄が乗り移る感覚になれる読書には、
おもに4つの種類があります。

①幕末・維新の英雄伝を読む
②本棚に英傑たちの私設応援団を
③「武士の精神」を受け止める
④声を出して気持ちを上げる

42 モチベーション・アップ
幕末・維新の英雄伝を読む

　ビジネスパーソンのなかには歴史小説、とりわけ幕末・維新の志士たちを描いた作品のファンが大勢いらっしゃいます。

　あなたは好きですか?

　なぜ人気があるか、おもな理由は二つ。一つは、幕末から明治維新にかけては、日本という国家のなりたち、近代化への道筋を知るうえで非常におもしろい時代だということ。ひとことで言えば、日本の歴史に対する知的関心が読書欲の源泉になっています。

　もう一つの理由は、本に出てくる人間の気持ちの強さが乗り移ったかのように、やる気が満ちてくることです。つまりモチベーション・アップにつながる読書効果が期待できるわけです。

　後者のモチベーション・アップで言えば、司馬遼太郎さんの小説はピカイチでしょう。幕末・維新の志士にせよ、戦国時代の英雄にせよ、登場人物たちの会話を録音したテープがあるわけではない（当たり前ですが）のに、読者はあたかも現実にその場に身を置いて会話を聞いているかのような臨場感が得られるのです。

　たとえば俳優の武田鉄矢さんは司馬さんの『**竜馬がゆく**』を読んで、すっかり竜馬ファンになりました。これは有名な話。な

にしろ武田さんは漫画『お〜い！竜馬』の原作や、ドラマ『幕末青春グラフィティ坂本竜馬』の脚本などを書くほどの入れ込みようです。実際、ご本人は周囲の人たちに「私を竜馬と呼んでくれ」と言っています。ファンを通り越して、武田さんのアイデンティティが竜馬になっているのでしょう。このくらい"なり切った感"があると、仕事でやる気をなくすこともなさそうです。

　また同じ司馬さんの『**国盗り物語**』は、かつて経営者たちが好んで読む作品でした。一介の油売りだった斎藤道三が、知謀・悪謀の限りを尽くして美濃国をかすめ取るストーリーが、彼らの胸に響いたのでしょう。

　"斎藤道三気分"で、勇猛果敢にビジネスに邁進したのではないかと推察します。

　モチベーション・アップにつながる司馬作品は、ほかにもたくさんあります。ざっとあげておきましょう。

・新撰組副長・土方歳三の生涯を描いた『**燃えよ剣**』
・戊辰・北越戦争で獅子奮迅の働きをしながらも壮絶な最期を遂げた長岡藩家老河井継之助を主人公とする『**峠**』
・石田三成と徳川家康が関ヶ原に行き着くまでに頭脳戦を繰り広げる『**関ヶ原**』
・吉田松陰と門下生の高杉晋作・井上多聞・伊藤俊輔らが活躍する『**世に棲む日日**』
・西郷隆盛が主唱した征韓論から西南戦争の結末までの激動の時代を描いた『**翔ぶが如く**』
・秋山好古・秋山真之・正岡子規という伊予松山出身の3

人を軸に明治日本という国家を語った『**坂の上の雲**』

　等々、長編・力作がズラリ。いずれも小説としておもしろいのはもちろん、歴史の知識が得られるし、幕末・維新の志士ならぬビジネス戦士の心を揺さぶる熱いものがたぎっています。

　スケールの大きさで言うと、チンギス・ハンについての小説もおすすめです。

　たとえば堺屋太一さんの『**世界を創った男　チンギス・ハン**』は、視野の広さといい社会的視点・経済的視点といい、行動半径の広さといい、ビジネスパーソンが参考にしたいノウハウがいっぱい。自分をスケールアップさせて仕事に取り組む気持ちになります。

　これと合わせて、井上靖さんの『**蒼き狼**』を読むと、情け容赦のない弱肉強食の世界を生き抜き、モンゴル平原の覇者となったチンギス・ハンの過酷な生涯に、また違った共感を覚えるでしょう。と同時に、「ビジネスの世界もやらなきゃやられる弱肉強食の世界ではあるけれど、なんだかんだ言ってもここは日本だから、チンギス・ハンほどの厳しさはないな」と思えて、自分の仕事に安心して挑める、というメリットもあります。

　歴史小説のなかでも英雄伝は人気が高く、いまなお新作が出続けています。数え切れないほど多くの名作があります。

　もちろん女流作家も、おもしろい英雄伝を多数出されています。たとえばNHK大河ドラマの原作にもなった林真理子さんの『**西郷どん**』、木内昇さんの『**新撰組　幕末の青嵐**』、北原亞

以子さんの『**暗闇から——土方歳三異聞**』、幕末ではありませんが足利尊氏を描いた杉本苑子さんの『**風の群像**』などなど。また女流は、女性を主人公にした作品にも注目したいところです。永井路子さんの『**北条政子**』、宮尾登美子さんの『**天璋院篤姫**』など、女性視点の歴史を読み解くのも楽しいものです。

　好きな英雄を何人か見つけて読み込むもよし。

　興味のある時代にフォーカスして読むもよし。

　司馬遼太郎をはじめ海音寺潮五郎、吉川英治、高橋克彦、浅田次郎、津本陽、火坂雅志、北方謙三、山岡荘八、杉本苑子、永井路子……並居る作家陣のなかで感性の合う作家のものをまとめて読むもよし。

　同じ英雄・時代でも作家によって、また主人公を誰に据えるかによって、描き方がまったく違ってきます。その辺を見るのもおもしろいかと思います。

　もちろんフィクションですから、必ずしも史実に忠実ではありませんが、そのほうがワクワク感が高まるというもの。仕事に取り組む前に歴史小説を読み、多少フィクションの入った英雄たちの精神を自分のなかに生かしてはいかがでしょうか。

43 モチベーション・アップ
本棚に英傑たちの私設応援団を

　私がおすすめしたいのは、感動した歴史小説を寝室やリビングの、朝起きたら必ず視界に入ってくるところにある本棚に並べておくことです。

　それらの本の背表紙がいい刺激をくれるのです。背表紙の文字とともに、その本を読んだときの興奮がよみがえり、気持ちが上がって、モチベーション・アップにつながります。

　イメージ的には、本棚に歴史上の英雄豪傑たちの応援席を設ける感じ。彼らが朝、会社に出かけるあなたに「今日もがんばれよー！　持てる力を存分に発揮しろよ！」とエールを送ってくれます。

　つらくハードな仕事をしている人ほど、歴史小説を読む意味はあると思います。「自分たちよりきつい時代を、もっと強い覚悟で乗り切った人たちがいるんだ」と、気持ちを強くすることができます。

いますぐやってみよう！

　あなたの本棚に歴史小説のコーナーを設けましょう。歴史上の英雄・豪傑の名がズラリと並ぶ"背表紙応援団"が、あなたのモチベーションをたしかなものにしてくれます。

44 モチベーション・アップ
「武士の精神」を受け止める

　争いごとの決着をつけるための果たし合い、主君や父などを殺した者を討ち取る仇討ち、大きな失敗の責任を取る切腹……武士の世界には常に「命がけ」の気合のようなものがつきまといます。

　いまとなっては現実味がありませんが、武士道に関する本を読めば、武士のそういう"ふしぎワールド"を心のなかに入れることができます。それによって、仕事に対する覚悟が決まるのです。

　そのためのおすすめ図書の一つが『葉隠(はがくれ)』です。これは江戸時代中期、佐賀藩士山本常朝が7年に渡って口述し、田代又左衛門陣基が筆録した武士の修養書。全11巻の大作です。

　と言っても、項目が小さく分かれているので、意外と読みやすいものです。これをパパッと1、2節読んでから仕事に向かう、というふうにすれば、気持ちがシャキッとして気合が入るでしょう。

　また『葉隠』で最も有名なのは、**「武士道とは死ぬことと見つけたり」**という一文でしょう。

　ちょっとドキッとするかもしれませんが、ようするに「死ぬ覚悟で取り組めば、自分に与えられた役目（家職）をし果たすことができる」という意味です。何も死にたいわけではなく、死んでも

いいくらいの気持ちでいれば、仕事も滞りなく、間違いなくやり遂げられる、ということなんですね。

この言葉を胸に刻み、たとえば営業に行く前に「営業とは断られることと見つけたり」とつぶやいて覚悟を決めるなどするといいでしょう。「断られて当たり前」と思っていれば、本当に断られても心が折れることはなさそうです。

あと私が思うに、山本常朝はおそらく「やりやすい道とやりにくい道、心地いい道ときつい道があるのなら、あらかじめやりにくい道、きつい道を選んでおきなさい。後が楽ですよ」と言いたかったのでしょう。

そう受け止めれば、たとえば飛び込み営業をするとか、大事なコンペでプレゼンする、取引先の偉い人と交渉するなど、ちょっと勇気のいる仕事をするときに、いい意味で開き直ることもできます。

「まぁ、うまくいかなくても、武士のように切腹を命じられるわけじゃなし、やるだけのことをやろう」というふうに。

『葉隠』のような本を読むことによって、武士の精神性を受け止めましょう。そうすればどんな困難に遭遇しようとも、落ち着いて事に当たることができます。

45 モチベーション・アップ
声を出して気持ちを上げる

　時代劇ではよく、武士たちが戦の前に「エイ、エイ、オー!」と声を合わせて掛け声をあげる場面が描かれます。同様に戦いに勝ったときも「エイ、エイ、オー!」。これは「勝鬨(かちどき)」といいます。

　なぜ叫ぶのか。理由は簡単。大きな声を出すと、気勢が上がるからです。声とともに闘志が、自分の体の中から、また心の奥底から湧き上がってくるのです。

　これを利用しない手はありません。あなたも「ここが勝負!」というときに、気持ちの上がる文章を声に出して読んでみてはいかがでしょうか。

　それにピッタリの文章が『**平家物語**』にあります。弓の名手・那須与一が、遠くに浮かぶ船で平家の女たちの掲げる扇を射る、あの名場面です。そのくだりを一部、引用しましょう。

「南無八幡大菩薩、我国の神明、日光権現、宇都宮、那須のゆぜん大明神、願はくはあの扇のマンなか射させてたばせ給へ。これを射損ずる物ならば、弓きり折り自害して、人に二たび面をむかふべからず。いま一度本国へむかへんとおぼしめさば、この矢はづさせ給ふな」と、心のうちに祈念して、目を見ひら

いたれば、風もすこし吹きよわり、扇も射よげにぞなったりける。与一鏑をとってつがひ、よッぴいてひやうどはなつ。小兵といふぢやう、十二束三伏、弓は強し、浦ひびく程長鳴して、あやまたず扇のかなめぎは一寸ばかりおいて、ひィふつとぞ射きッたる。鏑は海へ入りければ、扇は空へぞあがりける。しばしは虚空にひらめきけるが、春風に一もみ二もみもまれて、海へサッとぞ散ッたりける。

　一人で音読してもいいのですが、チームのみんなでやるとより盛り上がります。

　私も講演会などでよく、みんなで那須与一のこの場面を音読しますが、場の空気感が非常に良くなります。

　何度か音読するうちに覚えますから、那須与一が目を塞いで祈念する言葉だけでも声に出して読むといいでしょう。

　そうして那須与一をあなたの心に入れておけば、頼もしい援軍になってもらえます。

　それに「99％失敗する仕事なのに、失敗したら自害しなきゃならない那須与一に比べれば……」と、緊張感がほぐれて、気持ちも軽くなります。

心を整える

本で
"心の温泉"
をつくる

仕事をしていると、精神は緊張し、神経は興奮します。
そんな状態が長く続くと、どうしたって心は疲弊します。
温泉に入って心身をリフレッシュするように、
本を読んでゆるやかな気持ちになることも必要でしょう。
とくに現代は、政府が「働き方改革」を標榜するくらいに、
労働環境が心身を蝕むケースが増えています。
本を読んで上手に息抜きしましょう。ストレスが軽減できます。
"心の温泉"をつくる読書を5つの視点で考えてみましょう。

①時代小説を読む
②心の不安を解消する
③お経を読む・写す
④姿勢から心を整える
⑤詩・俳句・短歌の世界に浸る
⑥漫画でリフレッシュする

心を整える

時代小説を読む

　時代小説は歴史小説と同様、実在の人物が登場したり、史実まじりの展開があったりします。ただ明確な定義はありませんが、フィクションの度合いは歴史小説より時代小説のほうが高いかもしれませんね。人物も場所も出来事もおおむね架空の物語です。

　時代小説はたとえるならドラマの時代劇のようなもの。水戸の黄門さまや遠山の金さん、大岡越前守など、実在の人物が登場しながらも、史実にはまったくないストーリーが展開する作品がある一方で、必殺仕掛人・仕置人・仕事人や鬼平犯科帳、銭形平次などのように架空の人物が活躍するまったくのフィクションもあります。

　振り返れば昭和の高度経済成長のころ、その担い手であり、「モーレツサラリーマン」と呼ばれるほどハードに働いていたお父さんたちは、プロ野球と時代劇が大好きでした。その二つを見ていると、ほぼ夜が終わってしまう感じだったように記憶しています。

　あのころはテレビで週に三日くらい時代劇をやっていたのではないでしょうか。『水戸黄門』のようなメジャーなものをはじめ、「死して屍、拾う者なし」のナレーションがかっこいい『大

江戸捜査網』、有能な医師で剣術の達人で酒飲みの主人公・叶刀舟演じる萬屋錦之介が「てめえら人間じゃねえや。叩っ斬ってやる！」と悪人を退治する『破れ傘刀舟悪人狩り』など、時代劇が大量に放映されていました。

　舞台設定はだいたい江戸時代で、ストーリーもパターン化されているので、安心して見ていられるのが魅力。もちろん斬り合いのシーンはてんこ盛りながら、どこかのんびりしていて、気分が殺伐しないところがミソと言えばミソでしょう。

　おそらくお父さんたちは、ビール片手に野球の応援をし、さらに時代劇を見て、ハードな仕事で心身に溜まった疲れ・ストレスを和らげ、バランスを取っていたのだと思います。

　そんな時代劇と同じように、時代小説は「大人のファンタジー」とも称すべきものです。

　勧善懲悪の胸のすくストーリーだったり、町人の交流に心がほっこりするような人情ものだったり、現実にはありえないワザを駆使する武芸者が登場する浪人ものだったり。そういった小説を読んでいると、心が仕事を離れて、別世界に遊ぶような感覚に陥ります。

　仕事中は緊張の連続で、交感神経優位だったのが、副交感神経優位に切り替わって、気持ちが緩やかになるのです。

　昭和のビジネス戦士が時代劇を楽しんだように、あなたたち平成、いや令和のビジネスパーソンも夜のひととき、時代小説の世界にどっぷりつかってみてはいかがでしょうか。

　参考までに、おすすめの作家を、代表作や人気シリーズととも

にあげておきましょう。

【藤沢周平】

　藤沢作品には、江戸時代の庶民や下級武士の暮らしや哀歓を描いたものが多くあります。とりわけ海坂藩という架空の藩を舞台にした作品群は、人気があります。短編の『隠し剣孤影抄』や『蝉しぐれ』『暗殺の年輪』『竹光始末』など。

　ほかに『用心棒日月抄シリーズ』『獄医立花登手控えシリーズ』『彫師伊之助捕物覚えシリーズ』など、シリーズものも豊富です。

　私も大の藤沢ファン。江戸時代に生きた武士や町人たちの心のありようや人情がうまく描かれていて、いつの間にか心が別世界にどっぷりとはまっていくような感じです。

　実は父に『蝉しぐれ』をすすめたことがあって、父はその後、続けざまに20冊以上、藤沢作品を読んでいました。そのくらいはまる魅力的な世界なのです。

【池波正太郎】

　いかに人気のある本でも、全盛期が10年・20年続くと、さすがに文庫本を揃えている書店の数が減るものですが、池波正太郎の本はいまも減らずに並べられています。

　私が好きなのは『雲霧仁左衛門』。会話が多くて非常に読みやすく、軽いんだけれども、池波さん特有の懐の深さゆえか、心がじわっとする良さもあります。

　ほかに『鬼平犯科帳』『剣客商売』『仕掛人・藤枝梅安』

『真田太平記』『忍者丹波大介』『堀部安兵衛』など多数。片っ端から読んでいくのもまた楽しかろうと思います。

【山本周五郎】

　市井の民や無名の流れ者を描かせたらピカイチ。なかでも有名なのは、江戸時代前期に仙台藩伊達家で起こったお家騒動を題材にした『**樅ノ木は残った**』。大河ドラマにもなりました。

　また『**ながい坂**』は、地位の低い武士の家に生まれた小三郎が学問に打ち込んで異例の出世を遂げ、良き藩士との出会いから新たな田をつくる大工事を計画するもの。"出世物語"的要素がビジネスパーソンの心にも響くでしょう。

　ほかに『**赤ひげ診療譚**』や『**さぶ**』なども心温まるストーリー。いまなおドラマや舞台の題材にもなっています。

　ほかにも、『**吉原裏同心**』『**居眠り磐音**』『**酔いどれ小藤次留書**』など人気シリーズが多数ある佐伯泰英や、サスペンス仕立ての『**孤宿の人**』や怪奇もののおもしろさがプラスされた『**おそろし**』などの宮部みゆき、『**蜩ノ記**』『**潮鳴り**』など、架空の藩・羽根藩を舞台にしたさまざまな武士の生き様を描く「羽根藩シリーズ」が人気の葉室麟等々。

　いずれも読みやすく、肩のこらないエンタメ要素があり、それでいて人間の心の奥底が透けて見えるような深みのある作品です。あなたの好みに合う作家やシリーズを見つけて、温泉につかってほっこりするような読書タイムを楽しんでください。

47 心を整える

心の不安を解消する

　最近、「マインドフルネス瞑想」が注目を集めています。これは本来の瞑想から宗教色を取り除いて技法化したもの。宗教とセットになっているとややこしいことから、アメリカで考えだされ、非常に流行っています。

　いまに集中して、過去にあったイヤなことや、これから降ってくるかもしれない不安を断ち切って、心を落ち着かせたり、頭をすっきりさせたりするのに役立ちます。

　あなた自身のことを考えてみてください。心が乱れたり、ざわついたり、モヤモヤ・イライラ・ドキドキしたりするとき、決まって過去への後悔か未来への不安が胸に渦巻いていませんか？
「あんなことを言わなきゃよかった。しなきゃよかった」
「ああなったら、どうしよう。こうなったらどうしよう」
　と、すでにどうにも変えることのできない過去と、どう転ぶかわかりようのない未来を相手に"ひとり相撲"をとってしまいます。

　しかも現代は、忙しさやプレッシャーから過度のストレスを受けているビジネスパーソンが多いので、心を病んでしまいがち。マインドフルネス関連の本を読むなどして、心を落ち着ける技法を身につけておくと良いかと思います。

　たとえばイヤな情報が入ってきて「もうウンザリだ。いままで

やってきたことが台無しだ」という気分になったとします。その瞬間、目を閉じて深く息を吸い、ふーっと細く吐きながら瞑想状態に入っていく。

　すると、いまにも爆発しそうだった怒りや、パニックに陥りそうなオタオタした気分からちょっと離れて、自分を冷静に、客観的に見れるようになります。

　結果、「たしかに大変だけどねぇ。結局のところ目の前のことを一つずつ片付けていくしかないよ」と冷静な判断ができるでしょう。ようするにマインドフルネスの技術を知っていれば、心のコントロールが可能になるのです。

　心を整えるのに役立つ本には、たとえば『**フロー体験入門——楽しみと創造の心理学**』（チクセントミハイ）があります。フロー体験とは「チャレンジとスキルが釣り合う状況でものごとに没入する体験」を意味します。あなたにも「いつの間にか仕事に没入していて、気がついたら大量にこなしていた」というような経験がありますよね？　そこにはとても気持ちよく、充実した時間の流れがあると思います。それこそがフロー体験なのです。

　この本を読んでおくと、ストレスがかかったときに呼吸で心を整えることが可能になります。また仕事中などに「あ、いま、フロー体験だな」という状態が見つけやすくなります。「いま、きてる」とわかれば、よりリズミカルにその状態を続けていくこともできます。

48

心を整える

お経を読む・写す

　日本では「マインドフルネス」より何百年も前から、禅という形で瞑想が行われてきました。

　ですからもちろん、心を整えるのに禅を取り入れてもOK。坐禅や瞑想に関する本もたくさん出ているので、何冊か読んでみるといいでしょう。

　最近は坐禅会を催すお寺も多いようなので、本を読む前にそういう会に参加して、坐禅の正しいやり方を体で覚えると、なおいいと思います。

　禅には「不立文字」といって、「大事なことは言葉や文字では伝わらない」とし、ひたすら坐禅をする、その行動によって体験を伝えていかなくてはいけない、とする考え方がありますしね。

　もっとも、そのわりには曹洞宗の開祖・道元禅師は『**正法眼蔵**（しょうぼうげんぞう）』『**永平広録**（えいへいこうろく）』などの大作を著しています。春秋社などから全集（原文対照現代語訳付き）が出ていますので、禅に興味のある人はチャレンジしてみてください。

　ただ全集は、分量的にも難易度的にも価格的にも、ハードルが高いかもしれませんね。

　とりあえずは入門気分で、道元の教えを、人生にどう生かせ

ばいいかを含めてやさしく解説した本や語録も多数出ているので、そちらから入るのも良いかと思います。

　また坐禅・瞑想に関連して、お経を読んだり、写したりすることも、心を整えるうえではおすすめです。
　お経とは、いろんなところに残っているもともとのお釈迦さまの言葉に、後世の人たちがたくさんのアレンジを加えながら出来上がっていった経典です。
　極端な話、「お釈迦様はこう言った」「私はこう聞いた」みたいな感じでつないでいくと、お経になる、という感じです。
　多くの人の手が加えられた長いお経だけに、全部を読んだり、そこにある言葉通りのことを実践したりするのは大変です。それで「そんな難行よりも易行がいいよね」ということで、「南無阿弥陀仏」を唱えるだけで救われる、という浄土真宗が生まれました。
　そりゃあ、長いお経をしっかり読んだほうがいいでしょうけど、「南無阿弥陀仏」だけでも、まったくお経を読まないよりはマシ。それで救われるならと、庶民の多くが浄土真宗を信仰しました。その昔は信徒たちが事あるごとに「ナンマイダ、ナンマイダ、ナンマイダ……」と唱えたようです。

年よりや月を見るにもナムアミダ

　と一茶が俳句に詠んだくらいですから、浸透度はかなり高かったのでしょう。
　それに倣って、あなたも何かのときに、「ナンマイダ、ナンマイダ」と唱えてみては？　それも心を落ち着ける一つの方法で

す。

　あと、お経のなかでも最も有名なのは『**般若心経**』でしょう。三蔵法師の名で知られる玄奘が訳した『般若波羅密多心経』として、広く伝わっています。
　この経典は「この世の物質的現象に実体はない、感覚もない、表象もない、知識もない……何もかもない、ない、ない」に始まり、

「（さとりもなければ、）迷いもなく、（さとりがなくなることもなければ）迷いがなくなることもない。こうして、ついに、老いも死もなく、老いと死がなくなることもないというにいたるのである」

というふうに続きます。
　ようするに、この世は空である──この世にあるとされている一切合切がないと否定することで、悟りを開きなさい、というメッセージです。
　そして最後に、その悟りの境地を開くにはマントラ（真言）を唱えなさいと言っています。それが、

「羯諦、羯諦、波羅羯諦、波羅僧羯諦、菩提薩婆訶」 ──。
「往ける者よ、往ける者よ、彼岸に往ける者よ、彼岸に全く往ける者よ、さとりよ、幸あれ」いう意味です。

「悟り」と聞くと、あなたはとても難しいことのように感じるでしょうか。
　けれどもそんなに大げさに考えることはありません。逆に、「どうすれば悟りが得られるのか」を考えれば考えるほど、迷いが

深まり、真理への到達から遠ざかってしまいます。
「私たちは悟りを日常的なテーマにしていい」
というのが私の考え方。日々、当たり前のことを当たり前にやるなかで、「これでよかったんだ」「これこそが真理だ」などと感じる瞬間こそが悟り。
「いま、ここに悟りはある」
ということです。
「悟り」というのは本来、東洋人のアイデンティティであり、誇りではないでしょうか。私は「東洋は悟りの文化である」と考えています。
だからこそ私たち日本人が『般若心経』を読むのは非常にいいことですし、悟りの境地を求めて、そのお経を唱えるのもすばらしいことだと思います。

いますぐやってみよう！

『般若心経』はけっこう短いので、あまり時間をかけずに心を整えるためのツールとして、申し分のないところ。声に出して読みましょう。意味がわかってリズミカルに音読すると、呼吸も整い、安らかな気持ちになれます。

あと、写経にもぜひ挑戦してください。間違いなく心が落ち着きます。

49 心を整える

姿勢から心を整える

あなたは「スマホ首」になっていませんか？

最近は四六時中、下を向いてスマホの画面を見ているために首が屈曲し、肩こり・首こり、頭痛など、体にさまざま不調を来す人が増えているようです。

また体内に取り込む酸素の量が減り、血行が悪化することにより、体だけではなく心にも悪影響をおよぼすそうです。

もしあなたがスマホと向き合っている時間が長く、かつ「だるい」とか「疲れやすい」「やる気が出ない」「気分が鬱っぽい」など、心の不調を感じているようなら、原因は「スマホ首」かもしれません。

どうすれば治るのか。その答えは本にあります。

何でも姿勢を整えるだけで、体内に取り込む酸素の量が30％もアップするそうですから、姿勢に関する本とか、背骨を伸ばす本などを読むと、改善策が見つかります。

長らく健康ブームが続いていることを背景に、いまは健康関連の本はたくさん出ています。本屋さんにもコーナーがありますから、そこで良さそうな本を探してみてください。

そうすると、「スマホ首が危ない」とか「背筋の背骨が大事」といったタイトルの下、詳しい情報が得られます。結果、「あー、

背骨の上に首をのっけなくちゃいけないんだな」「本のチェックリストで診断してみたら、自分は完璧にスマホ首だ。首が前に傾き過ぎだ」「スマホを見るときは、極力、目の高さに持ってくればいいんだな。15分以上の連続使用はやめたほうがいいな」など、何らかの治療法を得て、実践できます。

　私がおすすめしたいのは、**「アレクサンダーテクニーク」**について解説した本です。
　約100年前に舞台俳優だったフレデリック・マサイアス・アレクサンダーが自らの声帯の不調をきっかけに方法論化したこの技法は、心身の緊張をほぐして、不調を改善することを目的としています。読むと、体からムダな力を抜くための練習法がわかります。
　たとえば背骨をまっすぐ立て、肩の力を抜いて立ち、ふーっと息を吐いていくと、筋肉に力を入れなくても立っていられることに気づかされる……といった具合です。
　本やDVDがたくさん出ているので、興味のある人は本屋さんやネット書店をのぞいてみてください。

50 詩・俳句・短歌の世界に浸る

心を整える

　詩人・歌人は、日本語を自在に操る天才です。詩や俳句・短歌には、彼らがさまざまに心を動かされた、その情景を正確に写す、もしくは情緒的・象徴的に表現する言葉が編まれています。だから詩・俳句・短歌が表現するその情景は、心に染み入るのです。

　たとえば悲しみや苦しみ、辛さなどに打ちのめされそうなときには、言葉の温もり、やさしさに癒される。

　また自分の境涯に似た何かがあると、共感を覚えほっとする。

　くじけそうなときには、勢いのある熱っぽい言葉で元気づけられる。

　イヤな思いをしたときには、美しい言葉で心が浄化される。

　詩や俳句に親しむということは、自分の心に効く薬をたくさん持つことにほかなりません。もちろん元気なとき、悩みがないときだって、詩的な世界に浸るのはすばらしいこと。リラックスして心地良いひとときが過ごせます。

　そういった"インプット効果"とは別に、詩や俳句には「アウトプットすることで得られるメリット」もあります。

　具体的には、会話やメールの文章にそのときどきの自分の気持ちにフィットする詩や俳句の有名なフレーズを拝借してするり

と滑り込ませるのです。

　そのフレーズは非常に洗練された表現ですから、会話・文章の質が高まることはもちろん、拝借した詩・俳句にまつわるちょっとしたうんちくを披露して、場を知的に盛り上げることもできます。

　以下にアレンジしやすく、"使い勝手"のいいフレーズを、「こんな場面でこのフレーズ」的にいくつか紹介しましょう。

【俳句】
・夏草や兵どもが夢の跡（芭蕉）

　今回のイベントは盛り上がりましたね。参加者が帰った後の開場は「ゴミの山兵どもが夢の跡」という感じですね。

・閑さや岩にしみ入る蝉の声（芭蕉）

　蝉があちこちでうるさく鳴く夏本番。でも「岩にしみ入る蝉の声」で、蝉の声しか聞こえないと逆に静けさを感じます。

・行く春や鳥啼き魚の目は泪（芭蕉）

　入社式からまだ3カ月なのに、「行く春や」という感じで、今年の新人はサラリーマンぶりが板についてきたね。

・旅に病んで夢は枯野をかけ廻る（芭蕉）

　プロジェクトの道半ばで病魔に襲われるとは無念だが、病室から成功を祈っている。芭蕉じゃないけど、「旅に病んで夢は枯野をかけ廻る」という思いでいっぱいだ。

・空腹に雷響く夏野哉（一茶）

　ランチ抜きでがんばったのにポカをやらかして、上司から大目玉を食った。すごい怒声で、「空腹に雷響く職場かな」ってね。

・合点して居ても寒いぞ貧しいぞ（一茶）

　明日は朝早いから軽く一杯程度に……と「合点していても、飲むぞ、止まらぬぞ」ってね。結局、寝不足で二日酔い。

・分け入っても分け入っても青い山（山頭火）

　新しいプロジェクトは暗中模索が続いていて、「分け入っても分け入っても難題の山」ですが、やがて青い山が見えてくるでしょう。その日を目指してがんばります。

・菜の花や月は東に日は西に（与謝蕪村）

　きれいな夕焼けだね。「月は東に日は西に」で、今日はそろそろ仕事を繰り上げて、夜の町に繰り出そうか。

【短歌】

・はたらけどはたらけど猶わが生活
　楽にならざりぢっと手を見る（石川啄木）

　今年もベースアップはごくわずか。住宅ローンの負担が重くなる一方だ。「はたらけどはたらけど猶わが生活楽にならざり」ってね。「じっと手を見る」啄木の気持ちがよくわかるよ。

・花の色はうつりにけりないたづらに
　わが身世にふるながめせし間に（小野小町）

　いよいよ40代に突入。「花の色はうつりにけりな」ですが、女性はこれからがベストシーズンと思って、「恋せよ、乙女」といきたいですね。

・夜もすがらもの思ふころは明けやらで
　閨（ねや）のひまさへつれなかりけり（俊恵法師）

　明日の交渉が心配で、眠れなかったよ。「夜もすがらもの思ふ

ころは明けやらで」の心境だったね。恋人ではないけれど、相手が最近、つれない態度なものだから余計心配でね。

・忍ぶれど色に出でにけりわが恋は
ものや思ふと人の問ふまで（平兼盛）

社内恋愛はマズイなと思って、ひたすら隠していたつもりだけど、「忍ぶれど色に出でにけり」と言うか、バレてましたね。

・東風(こち)吹かばにほいをこせよ梅の花
主なしとて春な忘れそ（菅原道真）

遠くへ転勤になったが、今日までありがとう。私がいなくなっても、いままで通り、いやそれ以上にがんばって欲しい。「東風吹かばにほいをこせよ梅の花」の菅原道真じゃあないけれど、私のことを忘れないでね。

【詩】

・思へば遠く来たもんだ（中原中也／頑是ない歌）

君と初めて会ったのは10代のころだったね。あれから30年、「思へば遠くへ来たもんだ」としみじみするよ。

・僕の前に道はない僕の後ろに道は出来る（高村光太郎／道程）

何事もやってみなければわからないよね。「僕の前に道はない」んだから、一歩一歩進んでいくだけ。振り返ったときにどんな道ができているかを楽しみにしようよ。

・ふらんすへ行きたしと思へどもふらんすはあまりに遠し
せめては新しき背広をきてきままなる旅にいでてみん（萩原朔太郎／旅上）

近ごろ、休みなしだよ。「温泉につかりたしと思へども、休日はあまりにも遠し。せめてサウナで汗でも流そうか」みたいな。

- **雨ニモマケズ風ニモマケズ雪ニモ夏ノ暑サニモマケヌ**（宮沢賢治／雨ニモマケズ）

　何回没になったって、やりたい企画を出し続けよう。「雨ニモマケズ風ニモマケズ」精神でね。

　これら名フレーズを使うときのポイントは、誰でも知っている有名なものを選ぶこと。
　アレンジする際には、元のフレーズがわからなくなるくらい崩さないこと。トライしてみてください。

いますぐやってみよう！

　宮沢賢治の『雨ニモマケズ』にあるフレーズ──「ミンナニデクノボートヨバレ　ホメラレモセズ　クニモサレズ　サウイフモノニ　ワタシハナリタイ」を使って、メールを書いてみましょう。

51 心を整える

漫画で
リフレッシュする

「心に温泉をつくる」という意味では、漫画もいいと思います。私自身、実践しています。

とりわけ好きなのは、『**まんだら屋の良太**』(畑中純)です。

物語の舞台が九州のまさに温泉街。主人公が温泉宿・まんだら屋の息子で高校3年生の大山良太。言動ははちゃめちゃながら、実に魅力的な青年です。

また意外にも文学的な思想を持ちあわせていて、宮沢賢治や太宰治などが登場するところは、勉強にもなります。

いまはほとんど品切れになっているので、私は「このままでは手に入らなくなるかも」と心配して、全巻セットを2セット買い置きしてしまったくらいです。

なにしろ20代のころから何度も何度も読んでいるし、いまはキンドルに入っているので、毎日のように読んでいると言っても過言ではありません。

読み方のパターンとしては、論文を書いていてつらくなってきたら、ふーっとひと息ついて、漫画を読む。そのままけっこうな時間読み続けて、ふと我に返り「あ、論文書かなくちゃ」と、論文に取りかかる。そんな繰り返しです。

そんなことをしたら、あなたはさぼっているようで、後ろめたい感じになりますか？
　いえいえ、一つの仕事に根を詰めていると、どうしたって疲れます。集中力も切れます。そのままがんばり続けるよりは、漫画を読んで、温泉でほっこりするような気分を味わったほうがいい。気分がリフレッシュされ、"漫画休憩"後のスピードはむしろ上がるくらいです。

　また前に歴史小説のことに触れましたが、超大作を活字だけで読むのがつらいようなら、漫画で読むという手もあります。
　たとえば横山光輝の**『三国志』**や**『水滸伝』**、秦の始皇帝の活躍を描いた原泰久の**『キングダム』**などがおすすめです。
　中国史はスケール感が大きく、自分のやっている仕事が小さく、軽く思えてくるところがいい。自分の仕事に押しつぶされそうになったときなどはとくに、心を軽くするのに役立ちます。
　ほかに、ホッとするような"温泉効果"はありませんが、**『シグルイ』**という武士のハードな世界を描いた漫画もいい。きつい仕事に向かうときの心構えができます。
　この漫画の原作は、南條範夫の**『駿河城御前試合』**。駿府藩主・徳川忠長の御前で行われた十一番勝負を描いた連作小説です。作画・山口貴由が奔放に脚色していて、その違いを見るのもおもしろい。
　ちなみに「シグルイ」は、**『葉隠』**の一節**「武士道は死狂ひなり。一人の殺害を数十人して仕かぬるもの」**に由来します。

打たれ強くなる

「ノンフィクション」で"心を強く"する

よく「最近の若者は心が折れやすい」と言われます。
叱られることに慣れていないとか、
苦労や挫折を経験したことがないなど、
原因はさまざまに分析されますが、
たとえつらく苦しい思いをする実体験を積んでいなくとも、
「打たれ強い心」をつくることは不可能ではありません。
そのときに威力を発揮するのがノンフィクション。
ハードな体験をした人の人生を
疑似体験することが大切です。
心を強くする読書を4パターン、紹介しましょう。

① 人間の極限状態を知る
② スポーツ選手の人生を読む
③ コンプレックスを受け入れる
④ 孤独に強くなる

打たれ強くなる

人間の極限状態を知る

　もし「人生で一番衝撃を受けた本は何ですか?」と問われたら、私は迷わず、「ヴィクトール・E・フランクルの**『夜と霧』**です」と答えます。

　本書は自らユダヤ人と名乗り出て、アウシュヴィッツに囚われたフランクルが、強制収容所の限界状態を心理学者の目で見て記録したノンフィクションです。

　フランクルが冷徹に観察し、淡々と綴った収容所の残酷極まりない現実は、いまなお生々しい現代史の断面であり、いつまた形を変えて繰り返されないとも限らないと思うと、慄然とします。

「人間が人間に対して、こんなにも残酷なことができるのか」

　という衝撃と、

「300万人のユダヤ人が虐殺されたアウシュヴィッツから奇跡の生還を遂げた、その根本には生への希望があった」

　ことに対する驚愕。この二つに打ちのめされる思いでした。

　霜山徳爾訳の版(みすず書房)は写真や図版が豊富でおすすめ。よりリアルに受け止めることができると思います。

　こういう作品を読むと、自分のいまの境遇がつらいの苦しいの、死にたいのと言っていることが恥ずかしくなってくるのでは

ないでしょうか。

　また「収容所では、希望を失った人から死んでいった」という記述から、希望をもつことがいかに大切かがわかります。興味深いのは、「とりわけクリスマスと新年の間に大量の死者が出た」という事実。「クリスマスには家に帰れるだろう」とはかない望みを抱いていたのに、それがかなわなかったために、生きる希望を失ったから。このことに関連して、フランクルはこう書いています。

「人生から何をわれわれはまだ期待できるかが問題なのではなくて、むしろ人生が何をわれわれから期待しているかが問題なのである」

　つまり、つらく苦しい現実に直面したときに「何のために自分は生きているのか」を問うてはいけない。人生のほうから「この場面であなたには何ができる？」と問われ、自分の果たすべき使命を考える。それが絶望から身を救うことだとしています。

　ちょっとやそっとのことで、生きる意味を疑ったり、死にたいと思ったりするのは、あまりにも不遜な考えだと気づきます。あなたも自分の置かれた状況のなかで、自分に何ができるかを考え、行動しましょう。そこに希望が見出せるのです。

　なお「日本人による『夜と霧』」と言われるノンフィクションがあります。

　タイトルは『**望郷と海**』。著者の石原吉郎は、敗戦とともにソ連軍に抑留されました。そして8年におよぶシベリア収容所生活を経て、奇跡の生還を遂げたのです。

この本は日本人の必読書とも言えるもの。『夜と霧』とセットで読んでいただければと思います。

　いまはほとんどの日本人が「戦争を知らない大人たち」になっています。それだけ長く平和が続いてきたのは喜ぶべきことですが、一方で、「かつては戦争という極限の状態を生き抜いた日本人が大勢いた」ことを覚えておきたいものです。
　その過酷な人生を知ることが、あなたの心を強くする疑似体験にもつながるのです。
　ぜひ読んでいただきたいのは、『**きけ　わだつみのこえ**』（日本戦没学生記念会編）。戦争で亡くなった学徒兵たちの手記をまとめたものです。
　死を覚悟した若い彼らが、「戦争とは何か」「愛国心と自由主義は両立できないか」「何のために学んだのか」などと自らに真剣に問いかけます。
　たとえば京都帝国大学に学んだ柳田陽一は、「生きようとも死のうとも思わない」と言い、入営前の揺れる心を綴っています。
　「大きな、眼には見えぬあらしがかける。かける。かける。わけのわからないものが渦巻のごとく身をとりまく。それが私を道の世界にふき上げる。何ていう時だ。人間とは、歴史とは、世界とは、一体何なのだ」

　また東京美術学校に学んだ関口清は、沖縄宮古島で戦病死しました。やせこけていく自分の姿を絵に描きながら、生に執着

するこんな文章を綴っています。

「俺は苦しければ苦しいほど生きたいのだ。俺の運命の逆境が大きければ大きいほど俺の生に対する執着も大となるのだ。

俺は生き甲斐のある時代に生れたのだろうと思う。俺はこの戦争の、そして人類のいや総ての結末がみたい。生きねばならぬ。貴重な宝を後世に残すべく。病魔と衰弱と、うえと、酷暑と戦わねばならぬのだ。幸いに俺は若いし根底にねばりを持ち、生命は、重きをになうほこりに満ちているのだ」

こんなにも「生きたい」と切々と訴える手記を読むと、簡単に「死にたい」などと言えなくなるでしょう。

「いまの時代、仕事ができるというだけでも、ありがたいことなんだよね」「いきなり特攻に行って死んでこいと言われないだけでも恵まれているのかもしれない」……その程度の感想しか出てこない、少々浅い読みであったとしても、読む意味はあります。

このほか、徴兵されてなお勉強を続ける学徒の遺稿集『**わがいのち月明に燃ゆ**』（林尹夫）もおすすめ。戦争という歴史の痛みに触れると同時に、心を強くして生き抜くことの大切さが学べます。

53

打たれ強くなる

スポーツ選手の人生を読む

　ビジネスパーソンによくある悩みの一つに、認めてもらえないという「不全感」があります。あなたもたとえば、
「がんばっているのに、評価してもらえない」
「成果をあげているのに、報酬を上げてもらえない」
「やる気満々で手をあげているのに、無視されて、希望する仕事・ポジションを与えてもらえない」
　など、不満を抱えているのでは？

　けれども、こればかりはしょうがない。
　そもそも自己評価と上司・会社の評価は違うので、思い通りに事が運ばないのは当たり前なのです。一致するほうが珍しいと言っていいでしょう。
　それに「努力はウソをつかない」のは事実だけれど、「努力は報われない」こともまた現実。努力をすることと結果を出すこととは、常にイコールで結ばれるわけではないのです。
　結果が出ることを信じて努力することは大事。結果が出ないからといって努力をやめたら、結果を出すことがますます難しくなるだけです。

　では、不全感に見舞われたときの気の持ちようとは、どんなも

のでしょうか。

一番大事なのは、まず「腐ったら、おしまいだ」と自分に言い聞かせることでしょう。

やる気をなくせば、成績は上がらないし、自分自身の成長も止まります。

いつも不機嫌な顔をしていたら、職場の空気も悪くなって、チームとしての団結力に悪影響をおよぼします。

当然、評価は下がる一方でしょう。腐ってトクすることは何もないのです。

このことをストンと腹に落ちるように教えてくれる本があります。それは、プロスポーツ選手のノンフィクションです。

たとえば引退した選手が、自身の現役生活を振り返って書いた本。

スポーツライターが、一人の選手に密着し、取材を積み重ねて評伝風にまとめた本。

一流のプロスポーツ選手のインタビューを編集した本。

異競技の、あるいは異分野の一流同士が対談している本。

そういった本には、「一流」と呼ばれる選手たちが、猛練習に励む一方で、監督から不本意なことを命じられたり、望まない移籍を申し渡されたりしたことがリアルに描かれています。

それでも腐らなかったからこそ、彼らは一流選手としての道を歩み続けることができたとわかるのです。

たとえば『心を整える。勝利をたぐり寄せるための56の習慣』

というベストセラーのある長谷部誠は、本のなかでこう言っています。

「心は鍛えるものではなく、整えるものだ。いかなる時も安定した心を整えることが、常に力と結果を出せる秘訣だ」と。

この言葉通り、彼は監督がかわって試合に出してもらえなくなっても、ひたすら猛練習を続け、腐ることはありませんでした。

日本代表チームに選抜されるほどの選手でも、監督がかわるたびに、認められたり、認められなかったりの繰り返しなのですから、一般人ならなおさらのこと。自分が認められないからと腐ることもないと思えます。

また長谷部はもともとフォワードの攻撃型の選手でしたが、あるときゴールキーパーのすぐ前のディフェンスのポジションに変えられました。イヤだったのではないかなと推察しますが、彼はその後のインタビューでキッパリ言っています。

「自分は戦術として求められていることをやるまでです」と。

さすがと言うべきか、彼は、何と守備で、ドイツリーグのベスト11を獲得しました。

もし長谷部が「俺は守備の選手じゃない。やってられないよ」と腐っていたら、そんな成功は手にできなかったでしょう。

こういう記事を読むと、「望まない異動を命じられたとしても、文句を言う前に、置かれたその場所でがんばることを考えよう」と思うのではないでしょうか。

ついでながら付け加えておくと、私はここのところ年末恒例のようになっている**『プロ野球戦力外通告　クビを宣告された男**

達』(TBS)というTVドキュメンタリー番組を欠かさずに見ています。

　非情にも突然、戦力外通告を突きつけられたプロ野球選手たちと、その家族に密着したドキュメンタリーです。

　番組のハイライトは、まだ現役を続けたい選手がトライアウトという試験を受けて、拾ってくれる球団からのオファーを待つ場面。テレビ局は選手から片時も離れずに張り付いているのでしょう、オファーの電話がかかってくる瞬間を逃しません。それは独立リーグのこともあれば、「バッティングピッチャーなら」というものもあって、見ているこちらまで緊張します。

　思えば、プロ野球界というのは言ってみれば、天才しかいない世界です。クビを宣告されたにしろ、それまでは一軍の戦力だった人もいます。二軍でも三軍でも、みんなが一軍の戦力になることを期待されていた人材なのです。

　そんな天才で、しかもまだ若いというのに、これほどきつい目に遭うのかと思うと、身が引き締まる思いがします。あらためて「ラクな仕事ってないんだな」と再認識し、いまある仕事に対するモチベーションを高めることもできるでしょう。

　ノンフィクションは現実に起こったことなので、自分の身に置き換えて読めます。大変だなぁと実感もできるし、共感とともに「よし、自分もがんばろう」という気持ちも高まります。

　いろんなジャンルのプロスポーツ選手に関する本が出ていますので、プレイスタイルや生き方に引かれる選手の1冊を選んで読んでみてください。

54 コンプレックスを受け入れる

打たれ強くなる

　コンプレックスは誰にでもあります。背が低い、太ってる、毛髪が薄い等の肉体的なことから、顔がどうの、家柄・学歴がどうの、能力がどうのと、多種多彩なコンプレックスがあるでしょう。

　そのコンプレックスは「人と比べる」ことから生じます。違っているのは個性なのですが、どうしても優劣をつけたくなるようです。

　そこはしょうがないとして、コンプレックスで問題なのは、仕事のやる気とか生きる気力まで減退させてしまうことです。

　そうならないようにするためには、コンプレックスを受け入れるしかありません。「どんなに悩んだところで、コンプレックスを克服することはできない。ならば受け入れて、うまくつき合っていけばいい」と思う、それだけで随分、気持ちは軽くなります。

　このことを教えてくれる本に、たとえば『鼻』（芥川龍之介）という短編小説があります。

　主人公は禅智内供というお坊さん。鼻が顎の下まで垂れ下がるほど長いことがコンプレックスでした。みんなにからかわれることもあって、何とか小さくしようとします。それこそ煮たり焼いたり踏んだり、さまざまなことを試みました。けれどもうまくいかず、かえって不都合なことが増えたのです。

結果、内供は「元の長い鼻のままでいるほうが気楽でいい」と悟ったのでした。

　コンプレックスなんてそんなもの。気にすると、周囲からバカにされているような気になるし、気持ちもどんどん落ち込んでいきます。ところが実は、誰もあなたのコンプレックスなど気にしていません。落ち込むほどのこともないのです。
　何かコンプレックスがあって悩むときは、ぜひ『鼻』を読んでください。内供の格闘ぶりに笑ううちに、やがて気にするのがばかばかしくなってくると思います。

55 打たれ強くなる

孤独に強くなる

　SNSは非常に便利で有益なコミュニケーション・ツールですが、気をつけないといけないこともあります。それは、
「常に誰かとつながっていないと不安になる」
　くらいに依存してしまうことです。
　そうして孤独に対する不安感が増せば増すほど、「自立心」が弱くなっていく恐れがあります。
　自分の力で判断したり、身を立てたりすることができなくなってしまうのです。
　自立心が育っていない人は「大人」とは言えません。ある程度は孤独に強くならないと、ビジネスパーソンとしても一人前と認められないでしょう。

　あなたがもし「ちょっと孤独に弱いかも」と思うなら、まずは「人はみな一人で生まれ一人で死んでいく」という真実を見つめましょう。
　「本来無一物」という禅語があるように、私たちはみんな、「一人で」何も持たずに生まれてきました。
　あるのは命と、その命の宿る肉体だけ。心はまっさらで、知識も経験も人間関係もすべてがゼロです。
　生きるとはそのゼロのうえにさまざまなものを増やしていくこと

なのですが、死ぬときはまたゼロに戻るのですから、友人・知人の数はさほど気にすることでもないのです。

　そこを踏まえたうえで、あなた方には孤独のすばらしさを知っていただきたい。そのためにおすすめしたいのが、ルソーの**『孤独な散歩者の夢想』**という本です。冒頭に、
「僕は地上でただの一人きりになってしまった。もはや、兄弟もなければ隣人もなく、友人もなければ社会もなく、ただ自分一個があるのみだ」
とあり、ルソーが本当に孤独だったことがわかります。なぜそうなってしまったかと言うと、彼の思想が当時の思想界の主流だったヴォルテール、ディドロと対立し、さらに『エミール』という本が宗教紛争を引き起こしたことで、亡命を余儀なくされたからです。
　しかしルソーは、社会からも仲間からも疎外された自らの運命を受け入れました。そして「これ以上、ひどいことにはならないから大丈夫」と思うことで、孤独でいることに魂の平安を見出しました。
「ただあるのは、われわれの存在しているという感覚だけ、そして、この感覚が全存在を満たしうるような状態がつづくかぎり、そこに見いだされるものこそ、幸福と呼ばれうるのである」
　こういう文章を読むと、「孤独もいいものだ、自分を理解してくれる友人・仲間なんかいなくても大丈夫」と思えてきませんか？

またタイトルにもあるように、本書はルソーが散歩しながら夢想にふけり、浮かび上がってきた想念をもとに書かれたもの。その自由な想念の世界で、自身の生涯を振り返りつつ、自己と対話したことが綴られています。
　しかもルソーは、散歩するなかで植物学に目覚めたといいます。**「僕は草を自分の一切の糧とし、植物学を一切の仕事にするようになった」**のですから、「孤独、最高！」と叫びたいくらいの快挙と言えるかもしれません。

　思えば、本を読むのはある種「孤独な時間」です。
　孤独に強く、読書を愛する人こそがたどり着ける幸福な場所がある、というふうにも思えます。

おもな参考書籍

『福翁自伝』(福澤諭吉、土橋俊一校訂・校注/講談社学術文庫、他)

『フランクリン自伝』(ベンジャミン・フランクリン、松本慎一・西田正身訳/岩波文庫、他)

『新約聖書 福音書』(塚本虎二訳/岩波文庫、他)

『論語』(孔子、金谷治訳注/岩波文庫、他)

『文読む月日』(トルストイ、北御門二郎訳/ちくま文庫)

『講孟劄記』(吉田松陰、近藤啓吾訳注/講談社学術文庫)

『ハムレット』『リア王』『ヘンリー四世』『アントニーとクレオパトラ』(シェイクスピア、福田恆存訳/新潮文庫、他)

『西郷南洲遺訓──附・手抄言志録及遺文』(山田済斎編/岩波文庫、他)

『人を動かす』(D・カーネギー、山口博訳/創元社・文庫版、他)

『カーネギー自伝』(アンドリュー・カーネギー、坂西志保訳/中公文庫BIBLIO)

『方法序説』(デカルト、谷川多佳子訳/岩波文庫、他)

『陰翳礼讃』(谷崎潤一郎/中公文庫、他)

『「いき」の構造 他二篇』(九鬼周造/岩波文庫、他)

『カラマーゾフの兄弟』(ドストエフスキー、原卓也訳/新潮文庫、他)

『罪と罰』(ドストエフスキー、工藤精一郎訳/新潮文庫、他)

『嵐が丘』(E・ブロンテ、鴻巣友季子訳/新潮文庫、他)

『ファウスト』(ゲーテ、相良守峯訳/岩波文庫、他)

『走れメロス』(太宰治/新潮文庫、他)

『金閣寺』(三島由紀夫/新潮文庫、他)

『草枕』『坊っちゃん』(夏目漱石/新潮文庫、他)

『源氏物語』(紫式部、角川書店編/角川ソフィア文庫、他)

『平家物語』(梶原正昭・山下宏明校注/岩波文庫、他)

『夜と霧──ドイツ強制収容所の体験記録』(V・E・フランクル、霜山徳爾訳/みすず書房、他)

『望郷と海』(石原吉郎/みすず書房)

『百年の孤独』(G・ガルシア=マルケス、鼓直訳/新潮社)

『存在の耐えられない軽さ』(ミラン・クンデラ、千野栄一訳/集英社文庫)

『悲しき熱帯』(レヴィ=ストロース、川田順造訳/中公クラシックス、他)

『糸井重里の萬流コピー塾』(糸井重里/文藝春秋)

『糸井重里全仕事(広告批評の別冊3)』(天野祐吉編/マドラ出版)

『仲畑広告大仕事』(仲畑広告制作所編/講談社)

『クリエイティブマインド──つくるチカラを引き出す40の言葉たち』(杉山恒太郎/インプレスジャパン)

『アイデアのつくり方』(ジェームス・W・ヤング、竹内均解説、今井茂雄訳/CCCメディアハウス)

『蜘蛛の糸・杜子春』(芥川龍之介/新潮文庫、他)

『風の又三郎』(宮沢賢治/新潮文庫、他)

『夜明け前』(島崎藤村/新潮文庫、他)

『土佐日記』(紀貫之、西山秀人編/角川ソフィア文庫、他)

『おくのほそ道』(松尾芭蕉、角川書店編/角川ソフィア文庫、他)

『方丈記──現代語訳付き』(鴨長明、簗瀬一雄訳注/角川ソフィア文庫、他)

『五輪書』(宮本武蔵、鎌田茂雄訳注/講談社学術文庫、他)

『経営者の条件(ドラッカー名著集1)』(P・F・ドラッカー、上田惇生訳/ダイヤモンド社)

『学習する組織──システム思考で未来を創造する』(ピーター・M・センゲ、枝廣淳子訳/英治出版)

『ビジョナリーカンパニー2 飛躍の法則』(ジム・コリンズ、山岡洋一訳/日経BP社)

『売る力 心をつかむ仕事術』(鈴木敏文/文春新書)

『発想法──創造性開発のために』(川喜田二郎/中公新書)

『勝海舟 氷川清話』(江藤淳・松浦玲編/講談社学術文庫)

『陸奥宗光』(岡崎久彦/PHP文庫)

『わたしの生涯』(ヘレン・ケラー、岩橋武夫訳/角川文庫,他)

『忘れられた日本人』(宮本常一/岩波文庫)

『緋文字』(ホーソーン、鈴木重吉訳/新潮文庫,他)

『留魂録』(吉田松陰、古川薫訳注/講談社学術文庫,他)

『ツァラトゥストラ』(ニーチェ、手塚富雄訳/中公文庫)

『幸若舞3(敦盛他)』(荒木繁他編注/東洋文庫)

『武士道』(新渡戸稲造、矢内原忠雄訳/岩波文庫)

『エジソン 20世紀を発明した男』(ニール・ボールドウィン、椿正晴訳/三田出版会)

『不格好経営 チームDeNAの挑戦』(南場智子/日本経済新聞出版社)

『俺の考え』(本田宗一郎/新潮文庫)

『君主論』(マキアヴェリ、池田廉訳/中公クラシックス,他)

『花伝書(風姿花伝)』『花鏡』(世阿弥/講談社文庫,他)

『徒然草』(吉田兼好、西尾実・安良岡康作校注/岩波文庫,他)

『養生訓』(貝原益軒、伊藤友信訳/講談社学術文庫,他)

『臨済録』(入矢義高訳注/岩波文庫)

『オイディプス王』(ソポクレス、藤沢令夫訳/岩波文庫,他)

『論語と算盤』(渋沢栄一/角川ソフィア文庫)

『老子──無知無欲のすすめ』(金谷治/講談社学術文庫,他)

『荘子』(金谷治訳注/岩波文庫,他)

『ギルガメシュ王ものがたり』(ルドミラ・ゼーマン、松野正子訳/岩波書店)

『21世紀の資本』(トマ・ピケティ、山形浩生・守岡桜・森本正史訳/みすず書房)

『統計学が最強の学問である──データ社会を生き抜くための武器と教養』(西内啓/ダイヤモンド社)

『面白いほどよくわかる! 心理学の本』(渋谷昌三/西東社)

『数学は世界を解明できるか──カオスと予定調和』(丹羽敏雄/中公新書)

『世にも美しい数学入門』(藤原正彦・小川洋子/ちくまプリマー新書)

『素数の音楽』(マーカス・デュ・ソートイ、冨永星訳/新潮文庫)

『竜馬がゆく』『国盗り物語』『燃えよ剣』『関ヶ原』『世に棲む日日』『翔ぶが如く』『坂の上の雲』(司馬遼太郎/新潮文庫,他)

『世界を創った男 チンギス・ハン』(堺屋太一/日経ビジネス人文庫)

『蒼き狼』(井上靖/新潮文庫)

『定本 葉隠【全訳注】』(山本常朝・田代陣基、佐藤正英校訂・吉田真樹監訳注/ちくま学芸文庫,他)

『フロー体験入門──楽しみと創造の心理学』(チクセントミハイ、大森弘訳/世界思想社)

『般若心経・金剛般若経』(中村元・紀野一義訳注/ワイド版岩波文庫)

『一茶俳句集』(小林一茶、丸山一彦校注/岩波文庫,他)

『宮沢賢治全集』(宮沢賢治/ちくま文庫,他)

『中原中也詩集』(中原中也/岩波文庫)

『まんだら屋の良太』(畑中純、大岡昇平編/徳間コミック文庫,他)

『新版 きけ わだつみのこえ──日本戦没学生の手記』(日本戦没学生記念会編/岩波文庫)

『心を整える。勝利をたぐり寄せるための56の習慣』(長谷部誠/幻冬舎文庫)

『羅生門・鼻』(芥川龍之介/新潮文庫,他)

『孤独な散歩者の夢想』(ルソー、青柳瑞穂訳/新潮文庫,他)

本は読んだらすぐアウトプットする！

いますぐやってみようリスト

- [ ] 途中で読むのをやめた本を"2割"読む　p25
- [ ] 最後まで読めなかった本の目次をみて気に入った場所を読む　p27
- [ ] 3色ボールペンで線を引きながら、新書を読む　p31
- [ ] 小さな気づきや感動などをSNSで"逐次配信"する　p37
- [ ] PC、スマホ、自分に合う方法で読書内容をメモする　p41
- [ ] 美しい日本語で書かれた短編小説を音読する　p45
- [ ] 『フランクリン自伝』の十三徳を実行できたか、毎日チェックする　p47
- [ ] 書店を友達との待ち合わせ場所にする　p55
- [ ] 20分で読んだ本を、1分で友達に内容をプレゼンする　p63

☐	1冊の本から好きな文章を3つチョイス、引用カードをつくる	p73
☐	新聞記事を引用して、自分の考えを1〜2分のスピーチにまとめる	p81
☐	『陰翳礼讃』から好きなところを引用してSNS発信する	p85
☐	日常会話をトレーニングの場にして、相手の文脈に沿って考える	p95
☐	気に入った本のタイトルのどこが「うまい」のか理由を考える	p110
☐	メールやSNSのメッセージなどに気の利いたタイトルをつける	p113
☐	ポスター、チラシ、動画など、おもしろかった小説の宣伝素材をつくる	p173
☐	○○ウィークと銘打って、同じ作家の作品を3冊立て続けに読む	p175
☐	企画書作成にチャレンジする	p179
☐	本棚に歴史小説コーナーを作って自分だけの"背表紙応援団"をつくる	p190
☐	心を整えるために『般若心経』を音読・写経する	p207
☐	『雨ニモマケズ』のフレーズを使ってメールを書く	p214

[興陽館の本]

表示価格はすべて本体価格(税別)です。
本体価格は変更することがあります。

すぐ使いこなせる
知的な大人の語彙1000
齋藤孝

言葉の伝道師・齋藤孝先生が「漢熟語」「季節の言葉」「俳句」等からすぐに使える「語彙1000」を紹介します。この一冊で、あなたの会話や文章に知性と教養が溢れ出す。

1300円

生きる意味
アルフレッド・アドラー/長谷川早苗=訳

アドラー本人の名著、『Der Sinn des Lebens』の邦訳。

1700円

秒で見抜く
スナップジャッジメント
メンタリストDaiGo

相手の「外見」「会話」「持ちもの」を視れば、頭の中がすべてわかる!人間関係、仕事、恋愛、ここから人生が変わる!

1400円

なぜ心は病むのか
アルフレッド・アドラー/長谷川早苗=訳

アドラーの『生きる意味』に続く「不安神経症」に悩むひとと将来そうならないための本。

1600円

孤独がきみを強くする
岡本太郎

孤独はただの寂しさじゃない。孤独こそ人間が強烈に生きるバネだ。たったひとりのきみに贈る、岡本太郎の生き方。

1000円

おしゃれの手引き115
中原淳一

おしゃれな暮らし、装い、心がけ、マナー。戦後女性の生き方を指南した中原淳一のメッセージを構成。いまだから役立つおしゃれで美しく暮らす方法を指南します!

1300円

群れるな
寺山修司

「引き金を引け、ことばは武器だ!」「ふりむくな、ふりむくな、後ろに夢はない。」これが生を見つめる「言葉の錬金術師」寺山修司のベストメッセージ集!

1000円

60(カンレキ)すぎたら
本気で筋トレ!
船瀬俊介

力こぶから始めよう!「貯金」より「貯筋」!68歳、逆三角形の筋肉マンの著者による「還暦の筋トレ」のすすめ。60歳からの筋トレで、「寝たきり」「病気」にならない、具体的な方法満載!筋トレで、筋肉は若返り、ホルモンは溢れ出す!

1300円

50歳からの時間の使いかた
弘兼憲史

定年後、人生が充実する人、しぼむ人のちょっとした差は──。
45歳が折返し地点!50歳からの「準備」で人生が決まる。ヒロカネ流「後半人生の時間術」。

1000円

お金の話
ひろゆき

ひろゆきの「お金の不安」がいますぐ消える本!
生活費月5万円から最高年収数億円まで体験!
2ちゃんねる、ニコニコ動画、4chan…の西村博之がおくる、お金とのつきあい方の極意。

1300円

［曽野綾子の本］

六十歳からの人生

六十歳以後、いかに生きたらいいのか。
人生の持ち時間は、誰にも決まっている。体調、人づき合い、暮らし方への対処法。

1000円

身辺整理、わたしのやり方

あなたは、「身辺整理」はじめていますか。
モノ、お金、家、財産、どのように向きあうべきなのか。曽野綾子が贈る「減らして暮らす」コツ。

1000円

「いい加減」で生きられれば…

年をとったら頑張らない。無理をしない。いい加減くらいがちょうどいい。
老年をこころ豊かに、気楽に生きるための「言葉の常備薬」。

1000円

【新装版】老いの冒険

誰にでも訪れる、老年の時間を、自分らしく過ごすための心構えとは。人生でもっとも自由な時間である「老いの時間」を豊かに暮らすための処世術。

1000円

死の準備教育

あなたは「死の準備」、はじめていますか？
「若さ」「健康」「地位」「家族」「「暮らし」いかに喪失に備えるか？曽野綾子が贈る「誰にとっても必要な教え」。

1000円

［海外の名著を読む］

最強の生き方

アーノルド・ベネット／増田沙奈=訳
『自分の時間』の著者ベネットの名著、新訳で登場。あなたの生き方は、自分自身を満足させているか？数えきれない成功者・一流人に読み継がれた「最強哲学」！

1000円

自信

ラルフ・ウォルドー・エマソン／大間知知子=訳
宮沢賢治、ソローからアメリカ大統領のトランプ、オバマまで愛読し、座右の銘とした魂のメッセージ。新訳！

1100円

自分を信じる力

ラルフ・ウォルドー・エマソン／大間知知子=訳
きみのまわりの状況がどうであれ、きみは自分自身を信じればいい。たとえ孤独であろうと、群集のなかにいようと自分の心そのままに生きることはできる。自信に根拠はいらない。

1200円

孤独は贅沢

ヘンリー・D・ソロー／増田沙奈=訳／星野 響=構成
静かな一人の時間が、自分を成長させる。
お金はいらない、モノもいらない、友達もいらない。本当の豊かさは「孤独の時間」から──。

1000円

モノやお金がなくても豊かに暮らせる。

ヘンリー・D・ソロー／増田沙奈=訳／星野 響=構成
モノを持たず、お金を使わなくても、豊かに暮らせる110の方法。
丸太小屋で自給自足の生活をしたソローの『森の生活』に学ぶ「シンプルライフの極意」。

1300円

本は読んだら
すぐアウトプットする!

「書く」「話す」「伝える」力が
いっきにつく55の読書の技法

2019年7月15日　初版第1刷発行

著　　者	齋藤孝
発　行　者	笹田大治
発　行　所	株式会社興陽館
	〒113-0024
	東京都文京区西片1-17-8KSビル
	TEL03-5840-7820
	FAX03-5840-7954
	http://www.koyokan.co.jp
装　　丁	小口翔平＋岩永香穂(tobufune)
本文イラスト	坂木浩子
校　　正	結城靖博
編集協力	千葉潤子
編集補助	島袋多香子＋中井裕子
企画・編集人	本田道生
印　　刷	KOYOKAN,INC.
Ｄ　Ｔ　Ｐ	有限会社天龍社
製　　本	ナショナル製本協同組合

©Takashi Saito 2019 Printed in Japan
ISBN978-4-87723-240-5 C0095
乱丁・落丁のものはお取替えいたします。
定価はカバーに表示しています。
無断複写・複製・転載を禁じます。